Remerciement à Jars Céramistes, à Anneyron dans la Drôme, qui nous a prêté l'essentiel de la vaisselle utilisée pour les photos

Pour être tenu au courant de nos publications :
info@laplage.fr
www.laplage.fr

© Éditions La Plage, 2004
© Éditions La Plage, 2016, pour cette nouvelle édition
ISBN : 978-2-84221-454-8

Imprimé sur du papier issu de forêts gérées durablement, à Barcelone, sur les presses de Beta (ES), imprimeur labellisé pour ses pratiques respectueuses de l'environnement.

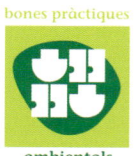

Toute reproduction, intégrale ou partielle, par quelque procédé que ce soit, de la présente publication, faite sans l'autorisation de l'éditeur est illicite (article L/122.4 du Code de la propriété intellectuelle) et constitue une contrefaçon. L'autorisation d'effectuer des reproductions par reprographie doit être obtenue auprès du Centre Français d'Exploitation du droit de Copie (C.F.C.), 20 rue des Grands-Augustins — 75006 Paris — Tél. : 01 44 07 47 70.

Valérie Cupillard

DESSERTS & PAINS *sans gluten*

Photographies de Philippe Barret
et Myriam Gauthier-Moreau

Introduction

Supprimer le gluten de son alimentation est une grande remise en question des habitudes alimentaires; la farine de blé est omniprésente dans toutes les pâtisseries classiques et nous avons souvent peu l'habitude d'utiliser d'autres ingrédients. Et pourtant... le gluten est absent dans le riz, le soja, le sarrasin, le manioc (tapioca), le millet, le quinoa, l'amarante, la châtaigne, l'amande, la noisette, la noix de coco... autant d'ingrédients qui existent sous différentes formes : farines, flocons, poudres... Voilà l'occasion de transformer un « régime » en une belle découverte gourmande !

Je vous propose une autre façon d'approcher le monde des desserts en goûtant avec gourmandise à une Brioche à la fine semoule de millet ou encore à un Crumble de pêches au croustillant de riz.
C'est une grande richesse en parfums qui, mariée à un peu d'imagination vont nous permettre de confectionner facilement des desserts savoureux et originaux.

Pour réaliser ces recettes les ingrédients de base sont sains et simples : de la farine de riz complet ou demi-complet pour une légère Génoise ou un Cake zesté d'orange, de la farine de quinoa dans un Impérial au Chocolat, de la poudre d'amandes pour façonner une Pâte sablée, une farine de châtaignes dans un Clafoutis, de la semoule fine de riz pour réussir le Gâteau au yaourt, des flocons de châtaignes dans les Brownies...

... Tous les ingrédients sont là pour suivre un régime plaisir plein de douceurs et de fantaisie qui séduira toute votre famille et fera découvrir d'autres saveurs à vos invités.

Valérie Cupillard

Auteur primée de nombreux livres de cuisine, Valérie Cupillard cuisine bio depuis plus de 20 ans. Consultante auprès d'entreprises sensibilisées par une alimentation santé, ses menus sont servis dans 120 restaurants d'entreprise de la région parisienne et ses recettes sont à la carte de spa et centres de remises en forme.
Spécialiste des recettes sans gluten ni produits laitiers, elle a composé plusieurs livres sur le sujet, mettant en place les bases d'une cuisine alternative pour les personnes allergiques ou ayant une intolérance alimentaire.
Elle répond aux questions de ses lecteurs sur son blog : www.biogourmand.info

Philippe Barret

Photographe et gourmet, Philippe Barret vit et travaille dans la Drôme. Il a illustré de nombreux ouvrages et collabore à diverses publications mettant en scène les recettes des plus grands chefs de cuisine et de pâtisserie.

Myriam Gauthier-Moreau

Photographe passionnée de cuisine et de produits bio, Myriam Gauthier-Moreau a participé à plusieurs ouvrages dans ce domaine. De la confection des recettes à la mise en lumière, elle aime évoluer dans ce monde de saveurs, de textures et de couleurs.

Sommaire

Précautions	6
Les Pains	7
Les Brioches	22
Les Gâteaux	28
Les Tartes	50
Les Clafoutis	69
Les Crumbles, les Puddings	75
Les Biscuits	86
Les Crêpes	98
Les Crèmes-desserts	102
Les Petits déjeuners	118
Index par ingrédients	124

Précautions

Les personnes souffrant de maladie cœliaque prendront soin de vérifier en détail lors de leurs achats les compositions des ingrédients, pour déceler la présence de gluten. À moins de posséder un moulin à céréales, elles se renseigneront également auprès des fabricants pour vérifier que la farine de riz (par exemple) est bien obtenue dans un moulin réservé à cet usage et non dans un moulin utilisé également pour moudre du blé, ceci afin de se prémunir de toutes traces de gluten.
Veillez également à la composition du chocolat, du sucre glace, du pralin ou des poudres d'oléagineux qui peuvent contenir de la farine. Cela peut aussi arriver avec les fruits secs comme les figues ou les dattes qui sont parfois poudrés et certains mélanges d'épices (curry, curcuma en poudre...). Vérifiez les compositions des laits végétaux, certains laits d'oléagineux sont associés avec un lait de céréales contenant du gluten (lait d'épeautre par exemple). Selon le degré d'intolérance, le conseil et le suivi médical qui vous accompagne, vous adapterez ainsi ces idées et recettes au quotidien.

Pour parfumer naturellement...

Utilisez uniquement des huiles essentielles bio, authentiquement pures et naturelles, sans conservateurs ni colorants. Issues de plantes cultivées sans engrais chimiques ni pesticides de synthèse dont l'extraction est effectuée sans détartrants ni solvants chimiques. Leur utilisation, à toute petite dose, permet d'apporter des touches subtiles de senteurs. Trois à six gouttes suffisent pour parfumer une pâte à gâteaux. Lors de la distillation, on recueille l'huile essentielle et... l'hydrolat, dit aussi « eau florale ». Prêtez également attention à choisir une qualité bio.

Régime hypotoxique

Les personnes qui se tournent vers une alimentation sans gluten pour suivre le régime hypotoxique du docteur Seignalet[1], trouveront ici (dans la continuité de mon premier ouvrage sur le sujet [2]) les mêmes caractéristiques. Mes recettes sont élaborées exclusivement avec des laits végétaux, il n'y a aucun produit laitier d'origine animale, ni crème, ni beurre... et toutes les céréales dites mutées sont bannies. La température de cuisson des gâteaux au four est aussi basse que cela est possible pour obtenir un bon résultat gustatif.

(1) Référence à l'ouvrage du Dr Seignalet *L'alimentation ou la troisième médecine* éditions F.-Xavier de Guibert.
(2) *Sans gluten naturellement* est paru en 2002 aux éditions La Plage.

Consignes

- La levure utilisée n'est pas la traditionnelle « levure chimique », il s'agit d'une poudre levante sans gluten et sans phosphate à base de fermentation de raisin et d'amidon de maïs par exemple.
- Tous les ingrédients utilisés dans les recettes se trouvent aisément en magasins ou coopératives bio.
- Nota — Dans mes recettes, j'ai choisi d'éviter les produits laitiers au profit de toutes les alternatives végétales. Mais rien n'empêche leur réussite si vous choisissez de mettre du lait de vache dans les mêmes proportions que les indications données pour le « lait » végétal.
- Pour certaines recettes utilisant de la margarine, le choix se porte sur des margarines végétales non hydrogénées.
- Veillez à bien choisir une « farine de riz complet » et non une « crème de riz », cette dernière étant précuite, le résultat après cuisson n'est pas le même ! (le clafoutis par exemple serait compact)
- Sauf mention contraire, les proportions sont prévues pour 4 personnes.
  - Cuisson

Les temps de cuisson au four et l'indication de la température correspondent à un four électrique de 35 litres. La correspondance thermostat/degrés Celsius est de 30 °C (thermostat 6 = 180 °C). Sauf mention contraire, les recettes ne nécessitent aucun préchauffage du four à vide.
  - Mesures

Il convient de choisir un verre pour mesure qui correspond à 15 cl.

LES PAINS

Faire du pain... sans gluten

Les farines naturellement sans gluten

Le gluten est absent dans le riz, le sarrasin, le quinoa, le maïs, le millet. Si les farines de riz, de châtaignes, de sarrasin... que l'on trouve dans les commerces bio conviennent à la plupart des intolérants au gluten, les personnes souffrant de la maladie cœliaque seront plus vigilantes.

En effet, les malades cœliaques prendront soin de vérifier en détail lors de leurs achats les compositions des ingrédients, pour déceler la présence de gluten. Et notamment en ce qui concerne la farine, elles se renseigneront également auprès des fabricants pour vérifier que la farine de riz (par exemple) est bien obtenue dans un moulin réservé à cet usage et non dans un moulin utilisé également pour moudre du blé, ceci afin de se prémunir de toute trace de gluten. Selon le degré d'intolérance, le conseil et le suivi médical qui vous accompagne, il sera peut-être souhaitable pour vous d'envisager l'achat d'un moulin à céréales, afin de moudre vous-même vos céréales. À noter que certains magasins bio s'équipent de moulins à céréales afin de proposer des moutures fraîches.

Quelles farines choisir pour faire son pain ?

J'ai choisi d'utiliser la farine de riz complet ou demi-complet comme farine de base pour mes pâtes à pain. Utilisée seule, elle donne une mie assez compacte et plutôt fade. Il faut tirer profit du peu de goût de la farine de riz qui lui donne l'avantage de pouvoir se mélanger à tous les autres parfums.

On peut ainsi lui ajouter une autre farine sans gluten : millet, quinoa, sarrasin ou châtaignes, toutes ces farines qui ont des saveurs bien plus prononcées, mais qui, utilisées seules, sont à la fois très fortes de goût et font des pâtes assez lourdes.

Il est aussi intéressant de lui ajouter des flocons de sarrasin, de millet ou de quinoa, des graines (sésame, tournesol...) pour créer un pain à la saveur différente. Les semoules fines de riz ou de millet, les graines de quinoa ou d'amarante sont aussi des ajouts qui vont donner plus de corps à une pâte à base de farine de riz complet ou demi-complet et obtenir une mie goûteuse.

Quelle levure peut-on utiliser ?

On pourrait réaliser, sur le même principe que le levain de blé, un levain avec de la farine de sarrasin. Il est assez délicat à réussir et très dépendant de la température ambiante.

Pour simplifier la réalisation de ces pains, on optera plutôt pour une poudre levante sans gluten (que l'on utilise pour les gâteaux). Prenez soin de vérifier les compositions des poudres levantes. La levure utilisée dans les recettes de ce livre n'est pas la traditionnelle « levure chimique », il s'agit d'une poudre levante sans gluten et sans phosphates, à base de fermentation de raisin et d'amidon de maïs par exemple. Cette poudre levante qui contient également du bicarbonate est généralement bien tolérée par les personnes aux intestins sensibles contrairement à celles qui contiennent des saccharomyces cerevisiae.

Les particularités d'une pâte à pain sans gluten

Les pâtes à pain sans gluten ne demandent aucun pétrissage et il est nécessaire de conserver une consistance très souple qui lèvera plus facilement grâce à l'ajout de la poudre levante.

La pâte à pain à base de farines sans gluten étant nécessairement assez molle, il est impossible de la façonner en miche, on la fera donc cuire en galette. Pour cela, choisissez un moule à manqué qui maintiendra la pâte dans une forme ronde (on peut aussi prendre un moule à tarte). Pour réaliser des petits pains individuels, versez la pâte dans des petits moules en papier ou des moules à tartelettes.

Évitez la cuisson dans un moule à cake qui va donner un pain épais avec une mie compacte, privilégiez plutôt le principe de la fougasse.

Les pains à base de farine de riz complet ou demi-complet ne sont pas des pains qui se conservent longtemps, ils sont bien meilleurs du jour même ou de la veille. Comme ils se préparent en quelques instants, on a l'avantage de goûter à un pain frais plus fréquemment.

Petits pains à la noisette et aux châtaignes

Ces petits pains ont une saveur très douce grâce à la farine de châtaignes qui donne un goût presque sucré. Au sortir du four, on les dégustera encore chaud.

Pour 14 petits pains
- 200 g de farine de riz complet ou demi-complet
- 60 g de farine de châtaignes
- 1 petite c. à c. de sel fin
- 1 c. à s. de sucre de canne complet
- 2 c. à s. rases de poudre levante (10 g)
- 20 cl d'eau tiède ou du lait végétal
- 1 c. à s. d'huile d'olive douce

Facultatif
- 6 c. à s. de noisettes grossièrement hachées

Dans un saladier, versez les deux farines, le sel, le sucre, la poudre levante et mélangez. Ajoutez l'eau et l'huile, puis remuez immédiatement. La pâte donne l'impression d'être mousseuse et gonfle déjà.

Prélevez une grosse cuillère à soupe de pâte et, avec les mains mouillées, façonnez une petite boule sans chercher à pétrir. (Pour les pains aux noisettes : posez une cuillerée de noisettes hachées en écrasant un peu pour les faire adhérer dans la pâte.)

Déposez les boules de pâte au fur et à mesure sur une plaque habillée de papier cuisson. Enfournez à 180 °C pendant 20 minutes, la surface des boules de pain doit devenir toute craquelée.

Pour une couleur un peu dorée, sortez rapidement la plaque du four après 15 minutes de cuisson et badigeonnez la surface des petits pains avec un pinceau enduit d'huile d'olive, remettez au four aussitôt pendant 5 minutes.

Pâte à pizza

Une pâte de consistance molle qui ne se pétrit pas. Elle est simplement versée dans un moule à tarte chemisé de papier cuisson (indispensable !) pour être précuite avant de pouvoir étaler la garniture.

- 200 g de farine de riz complet ou demi-complet
- 50 g de farine de pois chiches
- 2 c. à s. rases de poudre levante (10 g)
- 1 c. à c. de sucre de canne complet
- 1 pincée de sel
- 20 cl de lait végétal
- 1 c. à c. d'huile d'olive

Préchauffez le four. Mélangez les farines avec la poudre levante, le sucre et le sel. Versez le lait végétal de votre choix et l'huile, remuez rapidement et étalez la pâte à l'aide d'une spatule (sur un centimètre d'épaisseur) dans un grand plat à tarte chemisé. Enfournez durant 10 minutes à 180 °C.

Sortez quelques instants le fond de tarte précuit pour étaler immédiatement un coulis de tomates (très épais) et la garniture sans aller trop sur les bords.

Replacez au four à 200 °C durant 25 minutes.

• Petits pains à la noisette et aux châtaignes •

LES PAINS

Pain au quinoa et aux raisins

Amandes et petits raisins font de ce pain l'accompagnement idéal des salades, crudités, hoummos, caviars de légumes... Mélangées à la farine de riz et de sarrasin, les graines de quinoa gonflent et permettent d'aérer la pâte pcur donner une mie plus légère. Le fond du moule bien huilé permettra d'obtenir une croûte croustillante.

- 150 g de farine de riz complet ou demi-complet
- 50 g de farine de sarrasin
- 20 g de graines de quinoa
- 2 c. à s. rases de poudre levante
- 1 petite c. à c. de sel fin
- 1 c. à c. de sucre de canne complet
- 50 g d'amandes effilées (ou des cerneaux de noix)
- 1 petite poignée de raisins de Corinthe
- 25 cl d'eau tiède ou de lait végétal
- 1 c. à c. d'huile d'olive + pour le moule

Dans un saladier, versez les farines de riz et de sarrasin, les graines de quinoa, la poudre levante, le sel, le sucre, les amandes effilées et les raisins secs. Ajoutez l'eau, l'huile, et mélangez vigoureusement. Versez aussitôt dans un moule à manqué huilé, la pâte est assez molle et s'étale en forme de galette.

Placez au four à 180 °C durant 25 à 30 minutes. À mi-cuisson, vous pouvez passer rapidement un pinceau enduit d'huile d'olive pour faire dorer légèrement la croûte. Démoulez sur une grille. Ce pain est délicieux lorsqu'il est dégusté le jour même ou encore tiède.

Galette de pain au tournesol et à l'amarante

C'est à peine en 30 minutes que cette galette de pain est préparée et cuite. On peut ainsi la mettre au four juste avant un repas et la déguster encore chaude pour apprécier le croustillant des graines d'amarante et la croûte dorée à l'huile d'olive.

- 200 g de farine de riz complet ou demi-complet
- 2 c. à s. rases de poudre levante
- 1 petite c. à c. de sel
- 20 g de graines d'amarante
- 20 g de graines de tournesol
- 20 cl d'eau tiède ou de lait végétal
- 1 c. à c. d'huile d'olive + pour le moule

Dans un saladier, versez la farine de riz, la poudre levante, le sel, les graines d'amarante et de tournesol. Mélangez et ajoutez l'eau et l'huile. Remuez la pâte rapidement et versez aussitôt sur une plaque enduite d'huile d'olive (ou un moule à tarte). Assez molle, la pâte s'étale pratiquement toute seule en formant une galette d'environ 25 cm de diamètre.

Enfournez à 180 °C durant 25 minutes. La croûte du dessus reste très blanche. À mi-cuisson, on peut la dorer avec un pinceau huilé, mais le plus simple reste (au sortir du four) à retourner le pain sur l'autre face qui a cuit sur la plaque huilée. La galette se présente ainsi croustillante et dorée à point.

• Pain au quinoa et aux raisins •

LES PAINS

Pain aux graines
et à la semoule de millet

Cette pâte à base de farine de riz et de semoule de millet reste assez blanche à la cuisson, cependant la face qui s'imbibe un peu d'huile d'olive devient dorée et croustillante. C'est pourquoi cette galette de pain aux graines se sert sur le même principe qu'une Tatin : à l'envers !

- 200 g de farine de riz complet ou demi-complet
- 100 g de semoule fine de millet
- 2 c. à c. rases de poudre levante (10 g)
- 1 petite c. à c. de sel
- 1 c. à c. de sucre de canne complet
- 25 cl d'eau tiède ou de lait végétal
- 1 c. à c. d'huile d'olive
- 40 g de graines de tournesol
- 2 c. à s. de graines de sésame
- 1 c. à s. de graines de pavot
- huile d'olive pour le moule

Dans un saladier, versez la farine de riz, la semoule de millet, la poudre levante, le sel et le sucre. Mélangez en ajoutant l'eau et l'huile. Remuez la pâte rapidement. Elle devient assez épaisse et un peu soufflée.

Étalez aussitôt le mélange de graines sur le fond bien huilé d'un moule à manqué (ou un moule à tarte) d'environ 25 cm de diamètre. Versez la pâte par-dessus en déposant à la cuillère plusieurs petits tas qui se touchent. À la cuisson, la pâte, étant assez molle, va s'étaler en formant une galette.

Enfournez à 180 °C durant 25 minutes. Au sortir du four, retournez le pain sur le côté des graines.

Pains cuits
à la vapeur

Sans four, on peut quand même réussir des petits pains... Pour cette recette en cuisson à vapeur douce, on utilise la même pâte que pour la Galette de pain au tournesol (page 12) avec des proportions divisées par deux, ce qui suffit pour remplir 5 ramequins posés dans un panier vapeur de diamètre classique.

- 100 g de farine de riz complet ou demi-complet
- 5 g de poudre levante
- ½ c. à c. de sel
- 10 g d'amarante
- 10 g de graines de tournesol
- 10 cl d'eau tiède ou de lait végétal
- 1 c. à c. d'huile d'olive

Préparez la pâte en procédant comme dans la recette de la Galette de pain au tournesol et à l'amarante (page 12). Versez-la dans des ramequins en verre enduits d'huile d'olive. Ne les remplissez qu'à moitié, car la pâte gonfle bien.

Déposez les ramequins dans le panier de votre cocotte à fond épais et procédez à une cuisson douce sur feu très doux pendant 20 à 25 minutes. Attention à ce que la condensation sur le couvercle ne retombe pas sur les pains et ne les humidifie.

On peut démouler les pains quand ils sont tièdes ou les servir ainsi dans leur moule.

• Pain aux graines et à la semoule de millet •

• Pains cuits à la vapeur •

• Pain de quinoa au curcuma •

LES PAINS

Pain de quinoa
au curcuma

Une belle proportion de quinoa donne une vraie mie à ce pain qui aura la particularité d'être légèrement teinté de jaune grâce au curcuma. Un pain pour accompagner les salades composées, les crudités et les légumes sautés.

- 60 g de graines de quinoa
- 100 g de farine de riz complet ou demi-complet
- 1 c. à s. rase de poudre levante (5 g)
- ½ c. à c. de sel
- 2 pincées de curcuma en poudre
- 20 cl d'eau tiède ou de lait végétal
- 1 c. à c. d'huile d'olive + pour le moule

Dans un saladier, versez le quinoa et la farine de riz, la poudre levante, le sel, le curcuma, mélangez en ajoutant l'eau et l'huile. Graissez un moule à cake et versez la pâte qui est d'une consistance assez fluide. Le moule doit être seulement rempli à moitié ce qui permet une meilleure cuisson du pain.

Enfournez à 200 °C durant 25 minutes environ. Démoulez chaud et laissez bien refroidir (pour que les graines de quinoa finissent de gonfler en absorbant toute l'humidité du pain) avant de déguster.

Fougasse
aux olives

Beaucoup d'olives et une pâte un peu briochée grâce à l'association de semoule et de farine de riz. Variante : pour une fougasse au sésame, ajoutez 20 g de sésame et diminuez de moitié les olives.

Pour un moule à manqué
- 120 g de semoule de riz fine
- 100 g de farine de riz complet ou demi-complet
- 1 c. à s. rase de poudre levante (5 g)
- 1 petite c. à c. de sel
- 60 ml d'huile d'olive (50 g)
- 120 ml d'eau tiède ou de lait végétal
- 120 g d'olives noires dénoyautées
- 1 pincée de thym ou de romarin

Facultatif
- 4 tomates séchées

Dans un saladier, versez la semoule et la farine de riz, la poudre levante, le sel, mélangez en ajoutant l'huile et l'eau en une seule fois.

Incorporez les olives noires, le thym et les tomates séchées détaillées en petits morceaux. Malaxez un peu la pâte avec une spatule. Huilez un moule à manqué et déposez la pâte. Avec des mains un peu humides, écrasez-la pour en faire une galette. Enfournez à 200 °C durant 25 minutes.

À mi-cuisson, vous pouvez sortir rapidement la fougasse du four pour passer un peu d'huile d'olive au pinceau.

• Fougasse aux olives •

Pâte à tarte

Très facile à pétrir, c'est une pâte à tarte dont le goût convient bien pour les garnitures salées, pour toutes les préparations façon quiches ou tourtes aux légumes.

- 100 g de farine de quinoa
- 100 g de farine de riz complet ou demi-complet
- 1 c. à c. de sel
- 1 c. à c. de poudre levante
- 2 œufs
- 4 c. à s. d'huile d'olive

Versez tous les ingrédients dans le bol à pétrir du robot. Brassez bien puis ajoutez à peine 1 à 2 cuillerées d'eau de façon à ce que le mélange s'agglomère parfaitement et forme une boule de pâte.

Pétrissez légèrement et déposez sur le plan de travail poudré de farine de riz. Étalez avec le rouleau à pâtisserie également bien fariné.

Garnissez votre moule à tarte, versez directement votre mélange pour quiche ou faites précuire si vous mettez des légumes déjà cuits et en sauce béchamel.

Pâte brisée

C'est une pâte souple qui se travaille facilement grâce à l'action de l'eau chaude combinée au gras de la purée d'amande.

Pour un moule de 25 cm de diamètre
- 80 g de farine de riz complet ou demi-complet
- 50 g de farine de sarrasin
- Une pincée de sel fin
- 40 g de purée d'amande

Versez les farines dans le bol pétrisseur du robot, ajoutez une pincée de sel fin, la purée d'amande et 10 cl d'eau bouillante. Malaxez afin d'obtenir une boule de pâte.

Si vous pétrissez à la main, procédez autrement : délayez la purée d'amande en incorporant peu à peu l'eau bouillante, versez les farines et mélangez énergiquement jusqu'à former une boule de pâte.

Selon la finesse des farines et leur pouvoir d'absorption, il est parfois nécessaire d'ajuster la quantité d'eau. Étalez au rouleau sur un plan de travail fariné. Foncez le moule à tarte.

LES BRIOCHES

LES BRIOCHES

Faire des brioches... sans gluten

Quelles farines choisir pour réaliser une brioche ?

De la même façon que pour les pâtes à pain, la farine de base à privilégier est la farine de riz complet ou demi-complet. On pourra lui associer de la semoule fine de millet ou de riz qui va transformer la texture de la pâte et lui donner une consistance plus briochée. Sans levain, cette pâte à brioche lève instantanément grâce à l'ajout de la poudre levante.

Comment aromatiser une pâte à brioche ?

L'eau de fleurs d'oranger est fine et discrète, c'est un parfum qui s'harmonise bien à la fois avec les autres composants de la brioche et avec tout ce que l'on peut mettre dessus... En tranches, la brioche parfumée à la fleur d'oranger pourra tout à fait être tartinée de marmelade de fruits, de miel...
Si vous souhaitez parfumer votre brioche avec une huile essentielle, choisissez-la évidemment en bio et sélectionnez uniquement une huile essentielle d'agrumes. Dosez avec précision pour ajouter dans la pâte à peine trois à six gouttes d'huile essentielle de citron, de bergamote ou de pamplemousse qui vont donner un arôme agréable.
Pensez également à râper la peau d'une orange ou d'un citron pour en recueillir le zeste parfumé et l'ajouter à la pâte. Une brioche sera aussi excellente avec quelques grains d'anis ou des pincées de cannelle en poudre.

Quelle matière grasse utiliser ?

La margarine végétale (bio et non hydrogénée) permet d'avoir une base de matière grasse facile à malaxer avec le sucre pour monter ensuite la préparation en une crème onctueuse, tandis que l'huile d'olive douce convient bien à une pâte qui contient une semoule fine (riz ou millet). Contrairement à ce que l'on pourrait penser, le parfum de l'huile d'olive se distingue peu lorsque la pâte est cuite, cela reste très discret. Si vous appréciez cette saine alternative, vous pouvez cependant réserver une bouteille d'huile d'olive douce pour vos pâtisseries en la parfumant à la vanille. Laissez macérer une gousse de vanille déjà grattée et utilisée, cela suffit à donner un parfum délicat. Patientez quelques semaines avant de l'utiliser. Plus rapidement, vous pouvez aussi recueillir les grains d'une gousse de vanille et les mêler à l'huile ou mettre quelques pincées de vanille en poudre. L'huile de coco vierge fige naturellement à température ambiante, elle peut remplacer la margarine végétale et être travaillée de la même manière.

Comment sucrer en douceur ?

Si vous choisissez de sucrer la pâte avec du sucre de canne complet, il apportera tout son arôme et ce parfum se suffira à lui seul, de même avec le sucre de fleurs de coco. Lorsque vous désirez aromatiser avec une huile essentielle ou une eau de fleurs d'oranger, privilégiez un sucre de canne blond au goût moins prononcé.
Pour se passer de sucre, le choix d'un fruit peut suffire à apporter un peu de douceur sucrée dans une pâte à brioche, comme l'ajout de raisins secs.
Une option bien plus gourmande consistera à incorporer des pépites de chocolat (après avoir vérifié leur composition !) dans la pâte...
Pour une version façon « panettone », ajoutez des petits fruits confits ou simplement des raisins secs et des écorces d'orange finement coupées.

LES BRIOCHES

Brioche aux raisins

Cette pâte à base de farine de riz donne une texture très sablée. Parfumée à la fleur d'oranger, c'est une brioche qui accompagnera autant les entremets que les petits déjeuners.
Comme elle est peu sucrée, on pourra la déguster en tartines avec du miel ou de la marmelade.

- 160 g de margarine végétale bio non hydrogénée
- 60 g de sucre de canne blond
- 2 œufs
- 240 g de farine de riz complet ou demi-complet
- 2 c. à s. de poudre levante (10 g)
- 10 c. à s. de lait de riz, de millet ou d'amande
- 6 c. à s. d'eau de fleur d'oranger
- 50 g de raisins secs

Pensez à sortir la margarine du réfrigérateur à l'avance pour qu'elle se ramollisse à température ambiante. Malaxez-la avec le sucre jusqu'à ce que vous obteniez une crème onctueuse puis ajoutez les œufs un à un.

Mélangez et ajoutez la moitié de la farine de riz, la poudre levante, le lait et l'eau de fleur d'oranger. Terminez en rajoutant le restant de farine de riz.

Incorporez les raisins secs et versez la pâte dans un moule à cake huilé (ou des petits moules individuels), enfournez aussitôt à 150 °C durant 20 minutes, puis ensuite à 180 °C durant 15 minutes.

Brioche vanillée au quinoa

Cette pâte à brioche donne un résultat assez souple, on devine le parfum du quinoa qui reste discret tandis que celui de la vanille domine. En tranches au petit déjeuner ou au goûter, elle se marie avec toutes les marmelades ou pâtes à tartiner...

- 100 g de sucre de canne blond ou complet
- 1 yaourt végétal ou 125 g de crème de riz liquide
- 3 œufs
- 50 ml d'huile d'olive douce
- 50 g de farine de quinoa
- 120 g de farine de riz complet ou demi-complet
- ½ c. à c. de vanille en poudre
- 1 sachet de poudre levante

Versez le sucre dans un saladier, mélangez-le avec le yaourt, ajoutez les œufs. Remuez énergiquement en versant l'huile d'olive, puis incorporez les farines, la vanille et la poudre levante.

Versez dans un moule à cake huilé ou enduit de margarine. Enfournez 15 minutes à 210 °C puis réduisez à 180 °C pour encore 15 minutes de cuisson.

• Brioche aux raisins •

• Brioche zeste de citron à la fine semoule •

LES BRIOCHES

Brioche aux fruits

Pour cette brioche, j'utilise une semoule de riz dont la texture est très très fine. Le parfum d'huile d'olive reste discret et le résultat donne une consistance de gâteau qui se prête bien à un découpage en tranches. Sans sucre, c'est simplement la poire ou la banane qui va apporter de la douceur, vous pourrez aussi tartiner de confiture.

- 60 ml d'huile d'olive douce
- 50 g de semoule fine de riz (ou de maïs*)
- 3 œufs
- 80 g farine de riz complet ou demi-complet
- 1 poire et 6 gouttes d'huile essentielle de pamplemousse
- 1 c. à s. de poudre levante (5 g)

* sauf dans le cadre du régime Seignalet.

Dans un saladier, versez l'huile d'olive que vous mélangez avec la semoule de riz et les œufs. Incorporez la farine de riz et la poudre levante.

Ajoutez les 6 gouttes d'huile essentielle et la poire que vous coupez en fines lamelles (ou la banane en rondelles et la cannelle).

Versez dans un moule à cake huilé. Enfournez à 200 °C durant 35 minutes. Démoulez et laissez refroidir.

Variante

Remplacez la poire et l'huile essentielle par 1 banane et 1 pincée de cannelle en poudre

Brioche zeste de citron à la fine semoule

Pour cette brioche, c'est une semoule de millet que j'ai choisi d'associer à la farine de riz. Cette semoule se présente comme une poudre extrêmement fine qui allège la pâte. Peu sucrée, cette brioche donne une mie bien aérée qui ira très bien pour les goûters et au petit déjeuner.

- 60 ml d'huile d'olive douce
- 30 g de sucre de canne blond ou complet
- 50 g de semoule fine de millet (ou de maïs*)
- 3 œufs
- 80 g farine de riz complet ou demi-complet
- 1 c. à s. de poudre levante (5 g)
- 1 citron

* sauf dans le cadre du régime Seignalet.

Dans un saladier, versez l'huile d'olive que vous mélangez avec le sucre et la semoule. Incorporez les œufs un à un, puis la farine de riz et la poudre levante. Ajoutez le zeste du citron que vous recueillez à l'aide d'une fine râpe.

Versez dans un moule à cake huilé. Enfournez à 180 °C durant 35 minutes. Démoulez et laissez refroidir.

LES GÂTEAUX

Faire des gâteaux... sans gluten

Quelles farines utiliser dans les pâtes à gâteaux ?

La farine de riz complet ou demi-complet se prête à toutes les réalisations, elle permet de réaliser des génoises, des cakes, des quatre-quarts, des gâteaux au chocolat... On peut l'utiliser seule, mais c'est souvent en l'associant avec d'autres ingrédients comme de la poudre d'amandes par exemple ou une semoule fine de riz que l'on obtiendra des consistances différentes et savoureuses.

En raison de leur goût assez prononcé, les farines de quinoa et de châtaignes s'utiliseront en complément de la farine de riz. Ajoutez-les en petite proportion ou associez-les avec un autre ingrédient à dominante parfumée comme la purée de noisettes ou le cacao.

La farine de sarrasin apporte une saveur rustique tandis que la farine de châtaignes se marie bien avec les purées ou poudres d'amandes et de noisettes, le chocolat, les pommes, les poires...

Comment faire lever une pâte sans gluten ?

Pour obtenir un gâteau bien moelleux, vous utiliserez une poudre levante sans gluten (voir le paragraphe consacré à ce sujet dans le chapitre des Pains, page 7) ou vous pourrez incorporer des blancs d'œufs battus en neige.

Avec des blancs montés en neige dans une pâte, il faut réaliser un gâteau qui contient assez peu de farine, comme dans la recette de la Génoise des Îles (page 32) ou du gâteau gingembre et cacao (page 48) voire pas du tout comme dans la recette du Fondant grand Cacao (page 42). Et la consistance de la pâte doit être plutôt semi-liquide.

Lorsque vous avez une base de pâte très épaisse, privilégiez plutôt la poudre levante.

Quelle matière grasse utiliser ?

Certains gâteaux de type génoise ne nécessitent aucune matière grasse.

Pour les autres compositions, j'aime beaucoup utiliser les purées d'amandes ou de noisettes qui font des « beurres » végétaux tout à fait extraordinaires en apportant un véritable parfum. Cela donne en général des gâteaux où le goût des oléagineux est dominant. Pour réussir des compositions moins typées laissant de la place à la saveur d'autres ingrédients, on peut choisir d'utiliser une margarine végétale bio et non hydrogénée. Elle permet d'avoir une base facile à malaxer avec le sucre pour monter ensuite la préparation en une crème onctueuse qui donnera une belle pâte à gâteau. De la même façon, il est possible de travailler l'huile de coco vierge qui fige naturellement à température ambiante, elle parfumera discrètement la recette.

Dans quelques-unes de mes recettes, j'utilise une huile d'olive douce, retrouvez en page 22 quelques astuces pour la parfumer délicatement.

Les particularités des pâtes à gâteaux sans gluten

Pour s'assurer d'une bonne levée des pâtes, on a tout intérêt à faire des gâteaux peu épais et à privilégier les moules de type moule à manqué ou même à tarte. De cette façon, les pâtes à gâteaux sans gluten donnent un résultat souple et moelleux et offrent l'avantage de cuire très rapidement. J'ai conservé la cuisson dans des moules à cake lorsqu'il s'agissait d'obtenir des gâteaux avec une texture type quatre-quart comme la recette du Pistachier (page 40) ou le Cake aux amandes (page 35). Même si la cuisson s'avère légèrement plus délicate, ces recettes sont absolument adaptées à la cuisson dans un moule à cake et donnent un résultat bien plus délicieux lorsqu'on peut couper les gâteaux en larges tranches. Simplement, il faut parfois protéger la surface du gâteau d'une chaleur trop élevée le temps que la pâte semi-liquide gonfle et cuise uniformément.

LES GÂTEAUX

Gâteau sous la neige d'amarante

Apprécié pour les goûters et anniversaires, ce gâteau nappé d'une fondante ganache au chocolat est recouvert de petites graines d'amarante soufflées et toutes blanches. Vous pouvez aussi utiliser du quinoa soufflé. Si vous choisissez d'utiliser un sucre de canne complet, le parfum sucré du gâteau sera plus corsé qu'avec un sucre de canne blond.

- 3 œufs
- 80 g de purée de noisettes
- 100 g de sucre de canne ou de coco
- 10 cl de lait de riz ou de millet
- 100 g de farine de châtaignes
- 20 g de cacao en poudre
- 1 c. à s. de poudre levante (5 g)

- 1 à 2 poignées d'amarante soufflée nature (20 à 30 g)

Pour la ganache
- 200 g de chocolat noir (+ de 70 % de cacao)
- 5 c. à s. de lait de riz (ou eau)
- 250 ml de crème de soja liquide
- parfum au choix : grains de vanille ou 4 gouttes d'huile essentielle bio d'orange (facultatif)

(Pour une recette de ganache sans soja, voir page 62, Tartelette Nougatine)

Cassez les œufs pour séparer les blancs des jaunes. Mélangez les jaunes d'œufs avec la purée de noisettes (à température ambiante, celle-ci doit être fluide et onctueuse) et ajoutez le sucre.

Remuez la pâte tout en incorporant le lait, la farine de châtaignes, le cacao et la poudre levante. Montez les blancs d'œufs en neige, ajoutez-les à la pâte.

Versez dans un moule à manqué et faites cuire à 200 °C durant 25 minutes.

La ganache

Faites doucement fondre le chocolat noir avec les cuillerées d'eau ou de lait de riz, versez quelques cuillerées de crème de soja liquide, remuez. Continuez à incorporer peu à peu la crème de soja liquide sans cesser de tourner comme si vous « montiez une sauce » en ôtant la casserole du feu (extrêmement doux) et en la replaçant de temps en temps à chaleur douce pour garder une préparation tiède de consistance crémeuse.

Ajoutez le parfum (facultatif) de votre choix, mélangez bien et étalez aussitôt à la spatule ou avec le dos d'une cuillère sur le gâteau.

Saupoudrez d'amarante soufflée sur la ganache. Laissez refroidir.

• Brioche aux raisins •

LES GÂTEAUX

Génoise des Îles à la crème fouettée de coco

Cette pâte à génoise donne un résultat léger grâce au sucre fin utilisé (sucre glace* de canne roux) et à la farine de riz. Très fondante, la crème fouettée peut se conserver plusieurs heures au frigo. Son parfum de noix de coco et de caramel (grâce au sucre de glace complet) se marie ici avec des litchis, mais vous lui trouverez d'autres associations dans les fonds de tartes aux fruits frais, sur les gâteaux au chocolat, à la banane ou… à la noix de coco !

- 4 œufs
- 50 g de sucre glace (de canne roux)
- 40 g de noix de coco râpée (+ quelques cuillerées pour le décor)
- 40 g de farine de riz complet ou demi-complet
- 1 boîte de litchis au sirop

Pour la crème fouettée de coco
- 1 brique de 200 ml de crème de coco
- 4 c. à s. de sucre glace* (de canne complet mouture fine, type rapadura)

Décor, au choix :
- 1 kiwi
- 1 mangue
- 1 banane
- 1 carambole

* À l'achat, assurez-vous de l'absence de farine dans la composition du sucre glace. Vous pouvez aussi le préparer vous-même en utilisant un moulin à café.

Cassez les œufs pour séparer les blancs des jaunes. Versez le sucre dans un saladier et malaxez-le avec les jaunes d'œufs. Ajoutez la noix de coco râpée, la farine de riz et les blancs montés en neige.

Versez sur un centimètre d'épaisseur dans un grand moule ou une plaque rectangulaire (ou dans deux moules à manqué) tapissée de papier cuisson. Placez au four à 200 °C durant 15 à 20 minutes.

La génoise doit être à peine dorée, démoulez et laissez refroidir.

La crème fouettée de coco

La crème de coco se trouve en petite brique et elle est d'une consistance semi-liquide à température ambiante (secouez bien la brique pour avoir une texture homogène). Versez-la dans un saladier.

Battez-la au fouet simplement pour l'homogénéiser pendant quelques secondes. Placez au frigo pendant 30 minutes puis reprenez le saladier et fouettez à nouveau au batteur électrique en incorporant par cuillerées le sucre glace.

Battez une ou deux minutes, la crème épaissit et le sucre complet donne au mélange une légère couleur biscuitée. Gardez au frais jusqu'au montage du gâteau.

Le montage du gâteau

Égouttez les litchis au sirop. Si vous avez fait cuire la génoise dans un grand moule ou une plaque à four, coupez-la en deux de façon à avoir deux rectangles à superposer.

Posez la première génoise, étalez la crème fouettée, disposez les morceaux de litchis, posez la deuxième génoise, étalez une fine couche de crème et poudrez de noix de coco râpée. Décorez de quelques rondelles de kiwi, de banane, de lamelles de mangue ou de carambole.

• Génoise des îles à la crème fouettée de coco •

• Cake aux amandes zesté d'orange •

Cake aux amandes
zesté d'orange

Un gâteau parfumé, délicieux avec le thé...

- 80 g de margarine végétale bio non hydrogénée
- 100 g de sucre de canne blond
- 50 g de poudre d'amandes blanches
- 6 gouttes d'extrait de vanille
- 3 œufs
- 120 g de farine de riz complet ou demi-complet
- 1 c. à s. de poudre levante (5 g)
- 1 orange

Faites doucement fondre la margarine. Hors du feu, mélangez-la avec le sucre, ajoutez la poudre d'amandes, l'extrait de vanille et les œufs, un à un. Incorporez la farine de riz et la poudre levante.

Râpez la peau d'une orange pour en recueillir la valeur d'une cuillerée à soupe. Mélangez bien dans la pâte.

Huilez un moule à cake et versez la pâte. Enfournez à 180 °C pendant 10 minutes puis à 200 °C pendant 15 à 20 minutes. Cette pâte à gâteau à tendance à dorer très vite, il faut parfois le protéger pendant la cuisson.

Impérial
au chocolat

C'est un gâteau au chocolat très moelleux qui peut se déguster tiède pour le dessert accompagné d'une sauce à l'amande, d'une crème anglaise ou d'une marmelade d'oranges amères. Choisissez de préférence un chocolat noir à 60 % de cacao minimum.

- 200 g de chocolat noir à pâtisser
- 100 g de margarine végétale bio non hydrogénée
- 60 g de sucre de canne complet
- 20 g de farine de quinoa ou de sarrasin
- 4 œufs

Dans une casserole, faites fondre le chocolat sur feu très doux en ajoutant également la margarine.

Hors du feu, incorporez le sucre et la farine. Ajoutez seulement les jaunes d'œufs, un à un.

Montez les blancs d'œufs en neige, incorporez-les délicatement à la pâte au chocolat. Versez dans un moule à manqué bien huilé et enfournez à 200 °C durant 25 minutes.

• Marbré à la cannelle •

LES GÂTEAUX

Marbré à la cannelle

Un gâteau au parfum très agréable pour accompagner les compotes ou les salades de fruits. Si vous appréciez particulièrement le parfum de la cannelle, vous pouvez doubler les proportions pour aromatiser l'ensemble de la pâte. À déguster avec le thé du goûter ou au petit déjeuner.

- 80 g de margarine végétale bio non hydrogénée ou de purée d'amande blanche
- 100 g de sucre de canne blond
- 30 g de poudre d'amandes blanches
- 3 œufs
- 120 g de farine de riz complet ou demi-complet
- 1 c. à s. de poudre levante (5 g)
- 1 c. à s. de cannelle en poudre

Sortez la margarine du réfrigérateur à l'avance pour qu'elle se ramollisse à température ambiante.

Malaxez-la avec le sucre, ajoutez la poudre d'amandes et les œufs, un à un. Incorporez la farine de riz et la poudre levante.

Mélangez bien et versez la moitié de la pâte dans un moule à manqué huilé. Ajoutez la cannelle dans le restant de pâte et étalez de façon irrégulière avec la spatule.

Enfournez à 200 °C pendant 25 à 30 minutes. Le gâteau est cuit lorsqu'en plantant une lame de couteau, elle en ressort sèche.

Gâteau aux poires poudré de noisettes

La purée de noisettes qui fait office de beurre végétal donne son parfum à ce gâteau rendu moelleux grâce aux blancs d'œufs montés en neige.

- 3 œufs
- 70 g de purée de noisettes
- 70 g de sucre de canne complet
- 30 g de farine de riz complet ou demi-complet
- 1 c. à c. de poudre levante
- 2 poires
- 3 ou 4 c. à s. de noisettes hachées

Utilisez une purée de noisettes homogène à température ambiante ; si l'huile s'est séparée et se trouve à la surface du pot, remuez avec une fourchette jusqu'à retrouver une consistance fluide.

Cassez les œufs pour séparer les blancs des jaunes. Versez la purée de noisettes dans un saladier et mélangez-la aux jaunes, incorporez le sucre. Montez les blancs en neige et versez-en la moitié dans la pâte, mélangez bien et ajoutez la farine et la poudre levante, puis le restant des blancs en neige.

Épluchez et coupez les poires en lamelles. Huilez un moule à manqué, versez la pâte et disposez les poires à la surface, elles vont s'enfoncer dans le gâteau.

Comptez 30 minutes de cuisson à 200 °C. Démoulez et décorez en parsemant de noisettes hachées.

LES GÂTEAUX

Gâteau ronde de pommes
au sucre de fruits et sa...

Ce gâteau se fait cuire dans un moule à tarte, vous pourrez le déguster encore tiède, accompagné d'une fondante crème au beurre d'amandes.

- 100 g de margarine végétale bio non hydrogénée
- 120 g de concentré poires-pommes (ou mélasse de poires)
- 3 œufs
- 100 g de farine de riz complet ou demi-complet
- 2 pommes
- Cannelle en poudre

Sortez la margarine du réfrigérateur une demi-heure avant. Quand elle est devenue molle à température ambiante, mélangez-la avec le concentré de fruits. Incorporez un œuf, puis la farine de riz, mélangez bien, ajoutez les deux autres œufs.

Épluchez les pommes.

Versez la pâte dans un moule à tarte huilé et disposez les pommes coupées en fines lamelles en les faisant se chevaucher.

Enfournez à 180 °C durant 30 minutes. Au sortir du four, poudrez de cannelle.

... Crème
au beurre d'amandes

Une façon très rapide et extrêmement facile de réaliser une crème vraiment fondante. Sa texture ressemble à une crème au beurre.

- 1 yaourt de soja nature
- 50 g de purée d'amandes complètes
- 30 g de sirop d'agave

Dans un saladier, versez le yaourt de soja, ajoutez la purée d'amandes complètes bien fluide, remuez énergiquement et incorporez le sirop d'agave.

Placez au frigo 30 minutes pour que la crème fige légèrement. Présentez dans une coupe pour que chacun nappe sa part de gâteau.

Et sa version
sans soja

Cette crème fondante parfumée au sirop d'érable se marie à la perfection avec le gâteau ronde de pommes !

- 4 c. à s. d'huile de coco
- 6 c. à s. de purée d'amandes blanche
- 2 c. à s. de sirop d'érable

Sur feu doux, faites fondre l'huile de coco. Hors du feu, ajoutez la purée d'amande et le sirop d'érable. Réservez au réfrigérateur 20 minutes pour obtenir une crème fondante.

• Gâteau ronde de pommes au sucre de fruits et sa crème au beurre d'amandes •

LES GÂTEAUX

Pistachier
aux pépites de chocolat

Morceaux de poire, pistaches et chocolat fondant se découvrent au cœur d'une pâte moelleuse pour un gâteau très gourmand. Vous pourrez aussi cuire cette pâte dans de petites caissettes en papier pour des goûters à emporter ou une présentation façon petits fours.

- 100 g de margarine végétale bio non hydrogénée
- 90 g de sucre de canne blond (+ 2 c. à s. pour le décor)
- 100 g de farine de riz complet ou demi-complet
- 3 œufs
- 1 poire (ou 1 pomme)
- 20 g de pépites de chocolat
- une vingtaine de pistaches décortiquées non salées (+ autant pour le décor)

Faites à peine fondre la margarine sur feu doux dans une casserole. Ajoutez le sucre de canne blond et malaxez hors du feu. Incorporez la farine de riz et les œufs.

Épluchez la poire que vous coupez en quartiers puis en petits morceaux. Mélangez la pâte avec les dés de poire, les pépites de chocolat (ou un morceau de tablette de chocolat noir brisée en éclats au couteau) et les pistaches. Versez dans un moule à cake huilé (ou de petites corolles en papier) et enfournez à 200 °C durant 25 à 35 minutes.

Mixez les pistaches réservées pour le décor, ajoutez le sucre et parsemez sur le gâteau une fois démoulé et refroidi.

Noisetier
et sa crème fouettée aux amandes blanches

Grâce à la purée de noisettes qui fait office de beurre végétal, cette pâte à gâteau à base de farine de riz donne un résultat souple et mousseux. On peut aussi doubler les proportions pour en préparer deux et faire un gâteau monté avec fourrage, ganache...

Pour un moule à manqué de 20 cm de diamètre
- 70 g de purée de noisettes
- 70 g de sucre de canne blond
- 3 œufs
- 50 g de farine de riz complet ou demi-complet

Pour la crème fouettée
- 40 g de purée d'amandes blanches
- 250 ml de crème de soja liquide
- 2 c. à s. de sucre glace (de canne roux)

Mélangez énergiquement la purée de noisettes avec le sucre de canne pour avoir une texture très homogène. Incorporez les œufs un à un, puis la farine de riz. Remuez bien. Versez dans un moule à manqué et enfournez 20 minutes à 180 °C.

La crème fouettée

Pour préparer la crème, délayez la purée d'amandes blanches avec quelques cuillerées de crème de soja liquide, ajoutez le sucre glace et le restant de crème de soja liquide. Mettez au frigo pendant au moins 15 minutes.

Battez au fouet pour obtenir une émulsion légèrement aérée ou mixez quelques instants dans le bol blender du robot pour avoir une sauce mousseuse. Versez dans une saucière et servez en accompagnement.

• Pistachier aux pépites de chocolat •

LES GÂTEAUX

Gâteau
au caramel d'orange

Pour varier, les tranches d'orange peuvent être remplacées par des morceaux d'ananas ou des tranches de mangue. Pour le parfum, vous choisirez alors une huile essentielle de pamplemousse au lieu de la mandarine.

- 100 g de margarine végétale bio non hydrogénée ou d'huile de coco vierge
- 90 g de sucre de canne blond
- 3 œufs
- 100 g de farine de riz complet ou demi-complet
- 4 gouttes d'huile essentielle de mandarine
- 1 orange

Pour le fond du moule
- margarine
- 3 c. à s. de sucre de canne blond

Sortez la margarine du réfrigérateur à l'avance pour qu'elle se ramollisse ou utilisez une huile de coco à température ambiante. Malaxez-la avec le sucre, ajoutez un œuf, puis la farine de riz et les deux autres œufs. Mélangez vigoureusement tout en incorporant les gouttes d'huile essentielle.

Dans le fond d'un moule à manqué graissé, étalez de fines tranches coupées dans l'orange épluchée à vif. Saupoudrez de quelques cuillerées de sucre puis couvrez avec la pâte à gâteau. Il se peut que le volume de la pâte vous paraisse à peine suffisant, mais au four elle va s'étaler et combler tous les interstices.

Enfournez à 180 °C durant 20 minutes. Démoulez chaud avant que le caramel d'orange ne colle au moule en refroidissant. Le gâteau peut se découper à l'aide d'un emporte-pièce pour une présentation plus élaborée.

Fondant
grand cacao

C'est un gâteau sans farine qui se déguste lorsqu'il est bien refroidi. Fort en chocolat, on découvre en le dégustant des morceaux de châtaignes fondantes.

Pour un moule à manqué
- 100 g de chocolat noir (à 70 % de cacao)
- 150 g de margarine végétale bio non hydrogénée
- 100 g de sucre de canne complet
- 4 œufs
- 1 c. à c. d'extrait de vanille
- 200 g de châtaignes cuites (on les trouve en sachets sous vide prêtes à l'emploi)

Pour le décor
- une poignée d'amandes effilées
- poudre de cacao amer

Sur feu doux, faites fondre très doucement le chocolat avec la margarine et le sucre. Ôtez du feu et attendez que le mélange refroidisse un peu avant d'incorporer les jaunes d'œufs un à un, en remuant énergiquement. Ajoutez l'extrait de vanille.

Versez les châtaignes et tout en mélangeant, écrasez-les grossièrement avec une spatule en bois. Montez les blancs en neige et ajoutez-les délicatement à la pâte.

Versez dans un moule à manqué (je sers ce gâteau directement dans son plat de cuisson en le coupant à la spatule, mais si vous souhaitez le démouler, tapissez le moule avec du papier cuisson et laissez refroidir avant de démouler). Comptez 25 minutes de cuisson dans un four à 200 °C.

Placez le gâteau au frais avant de le déguster, mais pas au réfrigérateur pour lui conserver son moelleux. Au moment de servir, saupoudrez d'amandes effilées et de cacao amer.

• Gâteau au caramel d'orange •

• Nems aux fruits secs pour tirer les rois •

LES GÂTEAUX

Nems aux fruits secs
pour tirer les rois

Réalisés en feuilles de riz, les nems croustillants cachent une pâte de fruits secs parfumée à l'orange confite. Version fantaisiste de la Galette des rois, la fève peut être glissée dans l'un des nems…

- 100 g d'amandes entières
- 3 figues* séchées
- 1 quartier d'écorce d'orange confite
- ½ c. à c. de zeste d'orange fraîche
- 3 grosses c. à s. de sirop de riz
- 4 feuilles de riz
- 1 poignée de cerneaux de noix
- huile de coco pour la poêle

* À l'achat, assurez-vous que les figues ne sont pas poudrées de farine.

Mettez les amandes entières, les figues (en ôtant la queue), l'écorce d'orange confite, le zeste dans le robot à lame et mixez. Mélangez avec le sirop de riz. À moins d'utiliser des feuilles de riz souples (rayon frais bio), posez la feuille de riz sur un linge humide, humectez d'eau, lorsque la pâte est molle, procédez comme suit.

Étalez 2 cuillerées de pâte sur la partie supérieure de la feuille de riz en formant une ligne horizontale, disposez quelques cerneaux de noix, puis rabattez le côté gauche et le côté droit de la feuille de riz sur la garniture, roulez ensuite comme une flûte. Faites dorer dans une poêle avec un petit fond d'huile de coco.

Épongez les nems sur un papier absorbant et poudrez de cannelle.

Quatre-quart
aux pommes et à la bergamote

Pour réussir ce gâteau moelleux et léger (à la farine de riz), la cuisson demande un four bien chaud au début, pour qu'il gonfle, et une température plus douce ensuite pour cuire à cœur sans brûler !

Pour un moule à cake
- 100 g de margarine végétale bio non hydrogénée
- 100 g de sucre de canne blond
- 4 gouttes d'huile essentielle de bergamote
- 3 œufs
- 100 g de farine de riz complet ou demi-complet
- 1 c. à c. de poudre levante
- 2 pommes

Une demi-heure avant, sortez la margarine de façon à pouvoir la travailler facilement. Dans un saladier, malaxez-la avec le sucre. Ajoutez l'huile essentielle, les œufs un à un, puis la farine et la poudre levante. Mélangez énergiquement la pâte pour qu'elle prenne du volume.

Épluchez et coupez les pommes en dés et mettez les dans un moule à cake légèrement huilé. Recouvrez avec la pâte.

Faites cuire dans un four déjà chaud pendant 40 minutes. Démarrez à 200 °C puis baissez à 160 °C à mi-cuisson.

LES GÂTEAUX

Mon baba
au sirop de citron

Un dessert tout fondant : la pâte qui contient un peu de fécule de pommes de terre (on la trouve en bio) a une texture qui s'imbibe parfaitement du sirop d'agave citronné. Si les citrons utilisés sont très doux, conservez les proportions, par contre si leur jus est un peu trop acide réduisez la part de jus et diluez avec un peu d'eau ou un peu plus de sirop d'agave.

- 50 g de farine de riz complet ou demi-complet
- 50 g de fécule de pommes de terre
- 60 g de sucre de canne blond
- 1 sachet de poudre levante
- 3 œufs
- 2 c. à s. d'huile d'olive douce

Pour le sirop de citron
- 3 citrons
- 10 cl de sirop d'agave

Dans un saladier, versez la farine de riz, la fécule de pommes de terre, le sucre et la poudre levante. Formez un puits, cassez les œufs et ajoutez l'huile d'olive, mélangez la pâte vivement.

À l'aide d'un couteau économe, recueillez trois petites bandes d'écorce de citron que vous taillez aux ciseaux en fins bâtonnets. Mélangez-les dans la pâte qui doit être fluide et mousseuse.

Versez dans un moule à savarin huilé. Enfournez à 180 °C durant 20 à 30 minutes, en prenant soin de surveiller la cuisson, c'est une pâte qui dore facilement.

Le sirop de citron

Pressez les citrons (de façon à obtenir environ 20 cl de jus), versez leur jus dans une petite casserole. Faites à peine tiédir sur feu doux, ajoutez le sirop d'agave.

Au sortir du four, versez immédiatement sur le gâteau chaud et non démoulé, pour l'imbiber aussitôt. Laissez refroidir.

• Mon baba au sirop de citron •

LES GÂTEAUX

Gâteau au yaourt

Facile et rapide à préparer, c'est un gâteau pratique à emporter pour le goûter, qui peut se faire nature, sans ajouter les pommes. Si vous choisissez un yaourt parfumé aux fruits (pêches, cerises...) cela apportera un discret parfum, si vous prenez un yaourt nature, aromatisez de zeste de citron, de 10 gouttes d'huile essentielle d'orange ou d'une cuillerée de cannelle en poudre...

- 1 yaourt végétal ou 125 g de crème de riz liquide
- 1 pot à yaourt de sirop de riz ou de miel
- ½ pot à yaourt d'huile d'olive ou de coco
- 1 pot à yaourt de semoule fine de millet ou de riz (ou de maïs*)
- 2 pots à yaourt de farine de riz complet ou demi-complet
- 1 sachet de poudre levante
- 2 œufs

* sauf dans le cadre du régime Seignalet.

Versez le yaourt dans un saladier, mélangez-le avec le sirop de riz. Incorporez l'huile d'olive, puis la semoule. Remuez bien en ajoutant la farine de riz, la poudre levante et les œufs.

Variante

Épluchez deux pommes et détaillez-les en fines lamelles, mélangez-les à la pâte. Versez dans un moule à manqué huilé. Faites cuire 30 minutes à 200 °C.

Gingembre et cacao pour un gâteau

Mousseux et léger, ce gâteau est au chocolat noir, relevé d'une pointe de gingembre et associé au fondant des poires coupées en fines lamelles.

Pour un moule à manqué
- 100 g de chocolat noir à 70 %
- 8 c. à s. de lait végétal (riz, millet, sarrasin...)
- 4 c. à s. d'huile d'olive douce
- 4 œufs
- 40 g de farine de riz complet ou demi-complet
- une fine lamelle de gingembre frais
- 2 poires

Dans une casserole, faites fondre le chocolat avec le lait végétal. Hors du feu, ajoutez l'huile d'olive. Mélangez bien, attendez que le chocolat refroidisse un peu pour incorporer les jaunes d'œufs un à un, puis la farine. Émincez très finement la lamelle de gingembre épluché ou bien placez-la dans un presse-ail et écrasez-la pour l'ajouter dans la pâte.

Montez les blancs en neige que vous ajoutez dans la pâte en mélangeant doucement. Versez dans un moule à manqué huilé ou chemisé.

Épluchez les poires et coupez-les en tranches en les disposant sur la pâte à gâteau. Enfournez dans un four préchauffé à 200 °C pendant 30 minutes.

Ce gâteau se découpe en parts directement dans le plat. Si vous souhaitez le démouler, il est souvent nécessaire de chemiser le moule au préalable.

• Gâteau au yaourt •

LES TARTES

Les pâtes à tartes... sans gluten

Pour amalgamer et étaler...

Les farines de riz, de quinoa, de sarrasin ou de châtaignes n'ont pas la faculté, comme la farine de blé, de s'agglomérer simplement avec de l'eau et un peu de matière grasse pour donner une pâte à tarte souple et malléable. Une pâte sans gluten ne se pétrit pas aussi facilement.

Mais pour réaliser une tarte, il n'est pas forcément nécessaire de faire une pâte à étaler, on peut très bien utiliser une pâte à gâteau et la verser dans un grand moule à tarte sur peu d'épaisseur. Après cuisson, on obtient ainsi un fond prêt à garnir. C'est une solution que je trouve très facile et délicieuse pour toutes les garnitures avec crème, petits fruits style fraises, framboises, rondelles de kiwis...

Pour ces tartes aux fruits frais, préparez une pâte à gâteaux style génoise, ou même gâteau au yaourt, versez dans un grande moule chemisé sur un centimètre d'épaisseur. On peut même utiliser une pâte à madeleines ou à biscuits, cela permet d'avoir un fond de tarte à la fois original et surtout très goûteux.

Procédez à la cuisson puis laissez refroidir. Étalez ensuite une crème (pâtissière, crème de riz ou crème-dessert au soja) et garnissez des fruits de votre choix.

Pour des tartes au chocolat ou à la crème de châtaignes, utilisez les recettes de gâteau contenant une purée d'oléagineux pour faire le fond de tarte, le résultat sera très savoureux.

Si l'on a besoin d'un fond de tarte avec un rebord pour réaliser des tartes plus traditionnelles, vous pourrez réaliser une pâte avec des farines de riz ou de quinoa (recette de la Tarte aux abricots au crumble d'amandes), en notant toutefois qu'elle n'atteindra pas la même élasticité qu'une pâte à base de farine de blé. Il faudra étaler soit directement dans le moule en écrasant la pâte avec les doigts ou étaler sur un set de table plastifié pour déplacer la pâte un peu plus facilement.

Pour obtenir une pâte façon sablée, j'ai utilisé de la poudre d'amandes (recette de la Tarte aux pommes à la crème).

LES TARTES

Tarte aux pommes à la crème

La pâte est sablée grâce à l'association de farine de riz et de poudre d'amandes. Sous le fondant des fruits, la crème d'amande fait une garniture crémeuse parfumée à la cannelle.

Pour la pâte sablée
- 60 g de margarine • 60 g de sucre de canne blond
- 60 g de poudre d'amandes • 2 œufs
- environ 250 g de farine de riz complet ou demi-complet

Pour la garniture
- 2 c. à s. de purée d'amandes blanches
- 6 c. à s. de crème végétale liquide (riz, millet, amande…) • 2 c. à s. de sucre de canne complet
- 1 pincée de cannelle en poudre • 1 c. à s. de poudre d'amandes • 1 c. à s. d'écorces d'orange confites
- 1 c. à s. de raisins secs
- 3 ou 4 pommes

Malaxez la margarine végétale rendue molle à température ambiante avec le sucre, la poudre d'amandes et l'œuf, incorporez autant de farine de riz que nécessaire pour former une boule de pâte.

Pour l'étaler facilement, posez un film transparent sur la boule de pâte et aplatissez au rouleau directement sur un morceau de papier cuisson. Garnissez un moule à tarte de 30 cm de diamètre.

Garniture

Pour préparer la garniture, mélangez la purée d'amandes avec la crème végétale liquide, le sucre, la cannelle, la poudre d'amandes, les fruits secs. Étalez sur le fond de tarte. Posez les lamelles de pommes en les faisant se chevaucher. Enfournez à 180 °C durant 30 à 40 minutes.

Tarte aux fraises

Une pâte à gâteau cuite dans un grand plat à tarte permet d'obtenir une base sur laquelle on étale la crème pâtissière avant de disposer les fraises. Variantes : la même recette ira très bien avec des framboises.

- 80 g de margarine végétale bio non hydrogénée
- 100 g de sucre de canne blond • 30 g de poudre d'amandes blanches
- 3 œufs • 120 g de farine de riz complet ou demi-complet • 1 c. à s. de poudre levante • 250 g à 300 g de fraises

Pour la crème pâtissière
- 2 jaunes d'œufs • 40 g de sucre de canne blond
- 40 g de farine de riz complet ou demi-complet
- 30 cl de lait de riz ou d'amandes

Malaxez la margarine ramollie avec le sucre, ajoutez la poudre d'amandes et les œufs, un à un. Incorporez la farine de riz et la poudre levante. Mélangez et versez la pâte dans un grand moule à tarte chemisé.

Enfournez à 160 °C pendant 10 minutes puis à 200 °C pendant 15 minutes. Cette pâte à gâteau à tendance à dorer très vite, il faut parfois le protéger pendant la cuisson.

Dans une petite casserole, mélangez les jaunes d'œufs avec le sucre. Ajoutez la farine de riz, incorporez le lait végétal. Placez sur feu doux sans cesser de remuer jusqu'à épaississement. Lorsque le gâteau est démoulé, étalez la crème à peine tiède et laissez refroidir pour qu'elle fige.

Disposez les fraises entières et équeutées si elles sont petites, coupées en deux lorsqu'elles sont plus grosses. Servez aussitôt.

• Tarte aux pommes à la crème •

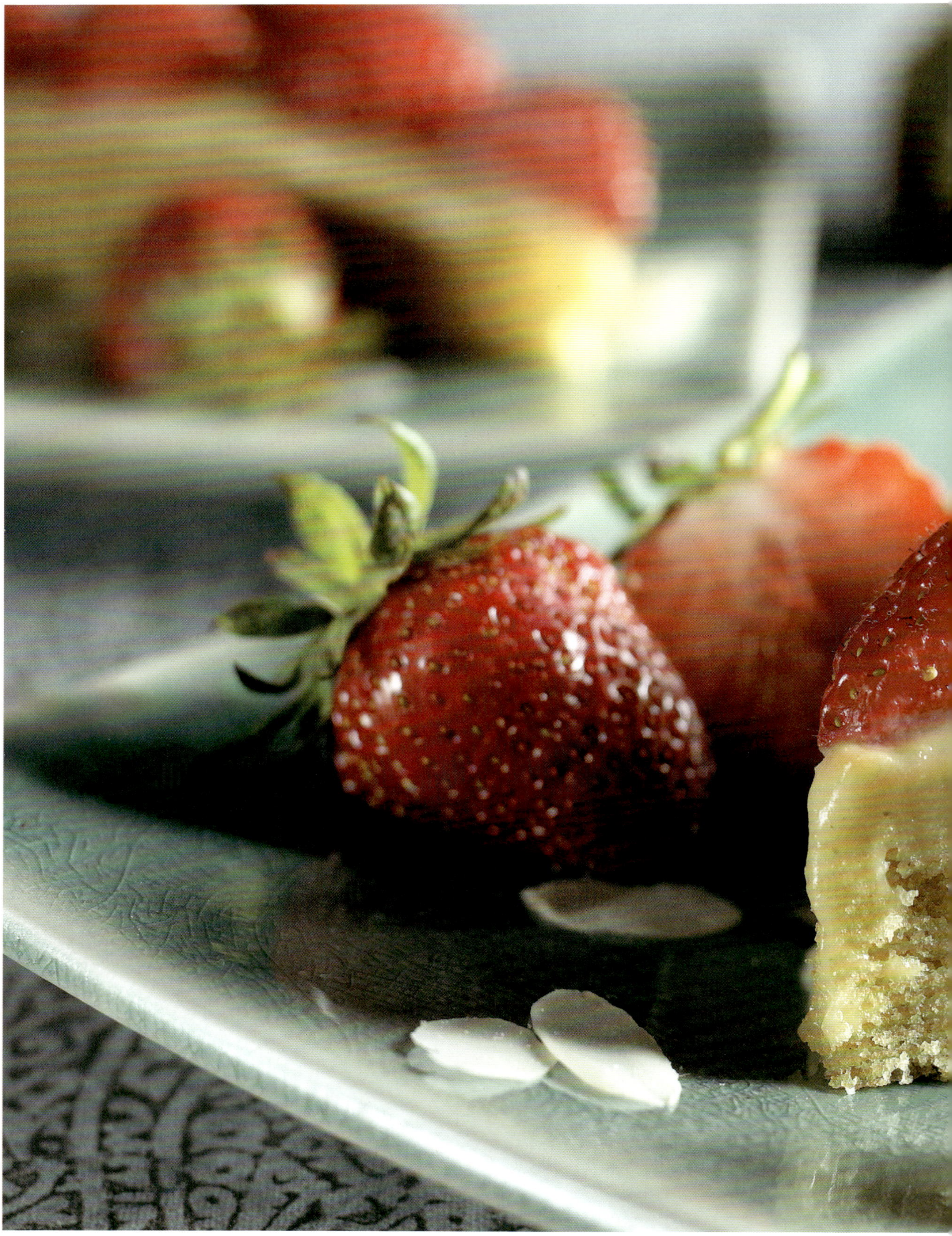

• Tarte aux fraises •

LES TARTES

Tarte délice
aux poires et zestes confits

C'est un fond de tarte très fondant, au goût d'amande qui accueille des lamelles de poires finement posées. Gourmandise supplémentaire, au sortir du four on fait un nappage express au chocolat...

Pour un petit moule à tarte de 20 cm de diamètre
- 4 blancs d'œufs
- 160 g de purée d'amandes blanches
- 4 c. à s. de sucre de canne blond
- la valeur de 2 c. à s. d'écorce d'orange confite coupée en petits dés
- 2 poires
- 4 à 6 carrés de chocolat

Mélangez énergiquement les blancs d'œufs avec la purée d'amandes blanches (utilisez une purée fluide et bien homogène) et le sucre. Ajoutez le morceau d'orange confite que vous coupez en minuscules dés.

Versez la pâte dans un moule à tarte de petit diamètre chemisé de papier cuisson. Disposez les poires épluchées et coupées en fines tranches (comme pour une tarte, formez une rosace).

Mettez au four à 180 °C durant 20 minutes.

Dès que la pâte est cuite (elle peut rester un peu blanche, ce qui la rend plus fondante), sortez la tarte du four, déposez les carrés de chocolat sur la surface et faites-les glisser sur la tarte, ils vont fondre rapidement et napper les lamelles de poire. Laissez refroidir.

Tarte à la crème
de châtaignes

Une fine pâte à gâteau à la farine de châtaignes, cuite dans un plat à tarte, fait un excellent support pour une garniture gourmande : le chocolat comme un feuilletage est glissé sous la crème de châtaigne

Pour un moule à tarte de 20 cm de diamètre
- 70 g de purée d'amandes blanches à température ambiante
- 70 g de sucre de canne blond
- 3 œufs
- 50 g de farine de châtaignes
- 50 g de chocolat noir à 70 % de cacao
- 220 g de crème de châtaignes (déjà sucrée)
- 3 gouttes d'huile essentielle bio d'orange (ou de mandarine)
- quelques copeaux de chocolat

Dans un saladier, malaxez la purée d'amandes avec le sucre de canne, ajoutez les œufs. Mélangez bien en incorporant la farine de châtaignes (tamisez-la si elle vous paraît grumeleuse).

Versez dans un moule à tarte ou à manqué (tapissez de papier cuisson) et enfournez 20 minutes à 180 °C.

Au sortir du four, posez les carrés de chocolat sur le gâteau chaud. Puis, à l'aide d'une spatule, étalez le chocolat ainsi fondu pour napper toute la surface du gâteau. Laissez refroidir. Lorsque le chocolat a figé, étalez une couche de crème de châtaignes préalablement parfumée avec les gouttes d'huile essentielle d'orange. Décorez de copeaux de chocolat.

• Tarte à la crème de châtaignes •

LES TARTES

Tarte à l'orange

Un délicieux parfum de zeste d'orange se devine aussi dans la pâte sablée. Cette pâte à tarte sera tout à fait appropriée pour vos garnitures façon cheese-cake, flans et bien sûr pour décliner cette recette en version tarte au citron.

Pour la pâte sablée
- 60 g de margarine végétale bio non hydrogénée
- 60 g de sucre de canne blond
- 60 g de poudre d'amandes blanches
- 2 œufs
- environ 250 g de farine de riz complet ou demi-complet
- le zeste d'une orange

Pour la garniture
- 2 oranges
- 2 c. à s. de crème de riz
- 2 œufs
- 4 c. à s. de sucre de canne

Sortez la margarine du réfrigérateur à l'avance de façon à la travailler lorsqu'elle est ramollie. Placez-la dans le bol du robot en même temps que le sucre, la poudre d'amandes, les œufs et la farine de riz.

Râpez la peau d'une orange pour en recueillir environ la moitié d'une cuillère à café. Mélangez bien l'ensemble jusqu'à former une boule ; si besoin, rajoutez un peu de farine.

La pâte obtenue est facile à pétrir, mais pas forcément à étaler. Vous pouvez l'étaler en l'aplatissant aux doigts directement dans le moule, c'est facile en particulier pour les petits moules à tartelettes. Pour que cela soit pratique, vous pouvez procéder ainsi : posez un film transparent sur la boule de pâte et aplatissez au rouleau directement sur un morceau de papier cuisson.

Garnissez un moule à tarte avec la pâte.

Garniture

Préparez la garniture : dans le bol blender du robot, versez le jus des oranges ainsi qu'une lamelle d'écorce (recueillez à l'aide d'un couteau économe une bande de peau d'orange d'environ la valeur de deux tranches), ajoutez la crème de riz, les œufs et le sucre.

Mixez pour obtenir une émulsion bien mélangée. Versez dans le fond de tarte et enfournez à 200 °C durant 30 à 35 minutes.

• Tarte à l'orange •

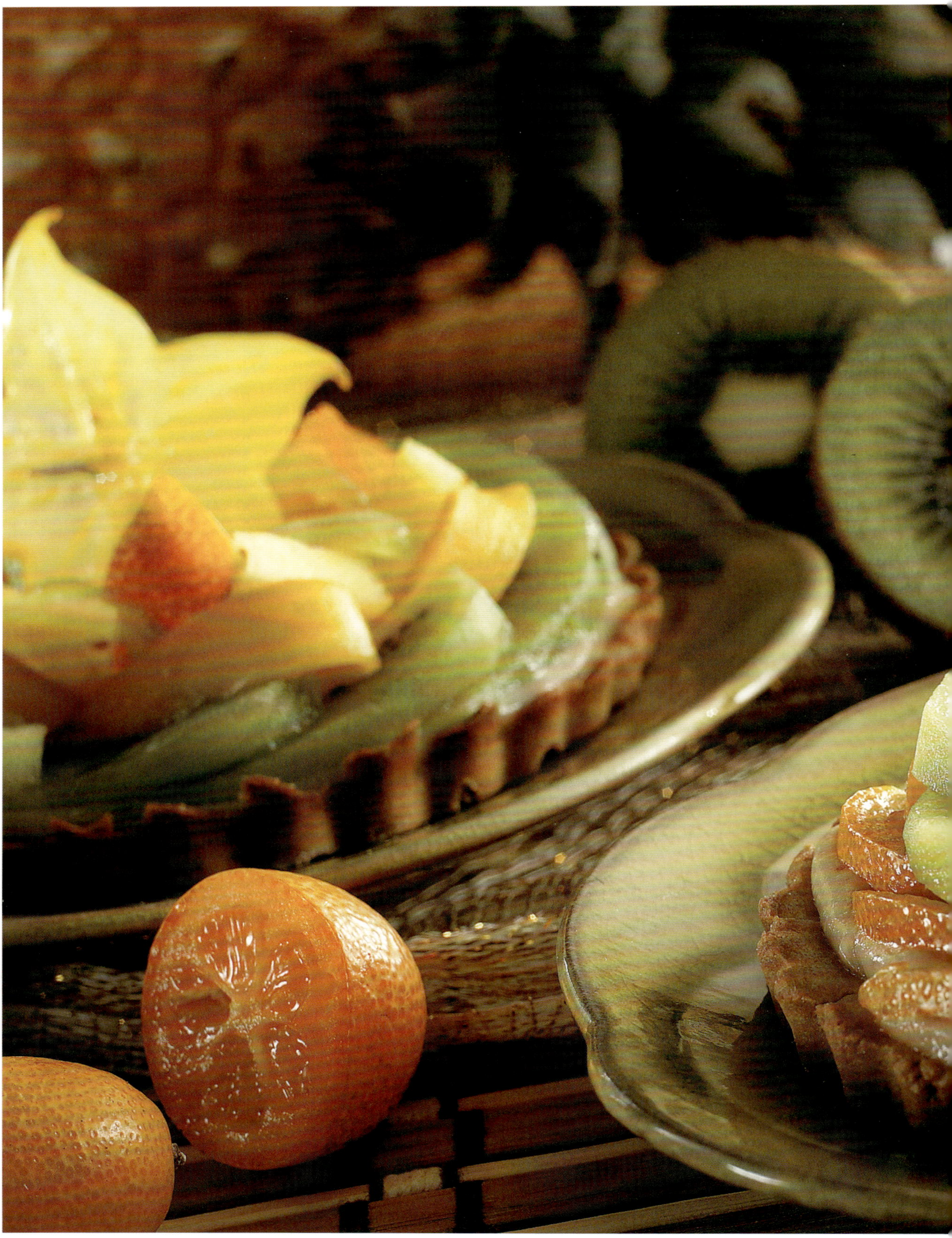

• Tartelettes aux kiwis •

Tartelettes Nougatine

Une pâte à gâteau aux noisettes sert ici de base pour créer des tartelettes au chocolat, façon mignardises. Sans garniture, ils feront aussi de délicieux petits biscuits.

- 100 g de noisettes entières (+ pour le décor)
- 20 g de farine de châtaignes
- 70 g de sucre glace* rapadura
- 60 g de purée de noisettes
- 3 c. à s. de lait de riz ou de sarrasin

Pour la crème ganache
- 100 g de chocolat noir
- 200 g de purée de châtaigne
- 2 gouttes d'huile essentielle bio de mandarine (ou d'orange)
- 1 morceau d'écorce d'orange confite

* à l'achat, assurez-vous de l'absence de farine dans la composition du sucre glace ou préparez-le maison en mixant du sucre très finement

Hachez les noisettes en les passant au robot à lame. Mélangez-les avec la farine de châtaignes, le sucre glace, la purée de noisettes et le lait. Vous obtenez une pâte épaisse que vous versez sur une plaque chemisée en formant comme une petite baguette.

Puis avec le plat d'un couteau, aplatissez sur 1,5 cm d'épaisseur de façon à obtenir une forme longue presque rectangulaire. Enfournez à 200 °C pendant 20 minutes. Lorsque vous sortez la plaque du four, coupez plusieurs petits carrés que vous laissez bien refroidir.

Crème ganache

Dans une casserole, faites fondre sur feu doux le chocolat en morceaux avec la purée de châtaigne. Ajoutez l'huile essentielle de mandarine. Remuez énergiquement pour obtenir une crème très homogène.

Placez au réfrigérateur au moins 1 heure pour que la crème fige au froid et devienne plus épaisse.

Tranchez l'écorce d'orange confite en fines lamelles que vous taillez en biseau.

À l'aide d'une petite cuillère, déposez une noisette de crème sur chaque biscuit nougatine en formant un petit dôme. Alternez la décoration, en posant une noisette sur certains biscuits, sur les autres plantez une lamelle d'écorce confite. Disposez en damier tous les petits gâteaux sur un plateau.

LES TARTES

Tartelettes aux kiwis

Une crème aux grains de vanille et quelques paillettes de coco font de ces tartelettes un dessert de fête.
La crème à la farine de riz prend une belle couleur ambrée grâce au sucre de canne complet qui donne également un parfum de rhum.

Pour 5 à 6 moules à tartelettes
- 80 g de crème de coco épaisse à température ambiante
- 60 g de sucre de canne complet
- 150 g de farine de riz complet ou demi-complet

Pour la crème vanillée
- 40 g de farine de riz complet ou demi-complet
- 25 cl de lait de riz
- 2 c. à s. de sucre de canne (type muscobado)
- 1 demi-gousse de vanille
- 3 ou 4 kiwis
- fruits exotiques au choix : mangue, tranches d'ananas, papaye, banane...

Pour le décor
- 3 c. à s. de noix de coco râpée

Mélangez la crème de coco pour avoir une texture homogène et crémeuse. Dans un saladier, versez le sucre de canne, la crème de coco et remuez. Incorporez la farine de riz, vous obtenez une pâte épaisse qui peut se rouler en boule.

Partagez-la en plusieurs morceaux que vous déposez dans chaque moule à tartelette, écrasez-la aux doigts pour l'étaler sans faire de rebord (assez collante, il n'est pas facile de l'étaler au rouleau). Enfournez à 200 °C environ 20 minutes.

Crème vanillée

Dans une petite casserole, délayez la farine de riz avec le lait de riz. Placez sur feu doux sans cesser de remuer jusqu'à épaississement. Ajoutez le sucre pour qu'il fonde. Mélangez bien la crème, dès qu'elle est assez épaisse, ôtez-la du feu.

Fendez la gousse de vanille en deux pour en recueillir les grains de la pointe d'un couteau et incorporez-les dans la crème.

Étalez la crème vanillée encore tiède sur les fonds de tartelettes démoulés et refroidis. Juste avant de déguster, épluchez les kiwis et éventuellement les autres fruits, disposez-les en tranches fines sur la crème. Parsemez de noix de coco râpée.

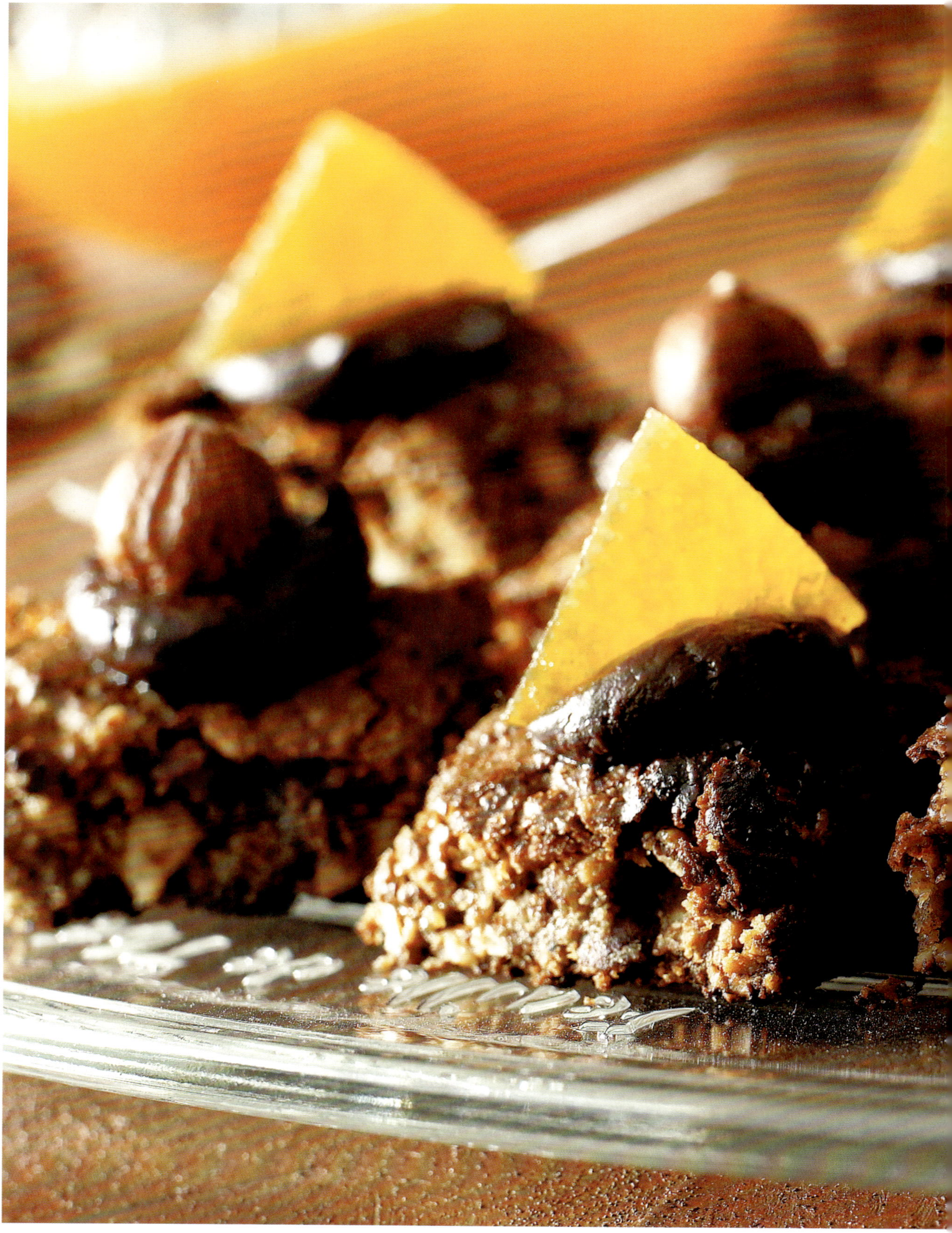

• Tartelettes Nougatine •

• Tarte aux abricots au crumble d'amandes •

LES TARTES

Tarte aux abricots
au crumble d'amandes

La pâte à tarte est légèrement sucrée par du sirop de riz et le crumble à la poudre d'amandes apporte de la douceur aux abricots.

12 abricots (environ 500 g)

Pour la pâte à tarte
- 70 g de farine de quinoa
- 160 g de farine de riz complet ou demi-complet
- 80 g de sirop de riz ou de miel fluide
- 30 g d'huile d'olive
- quelques cuillerées de lait végétal

Pour le crumble
- 150 g de poudre d'amandes
- 100 g de sucre de canne complet
- 1 c. à c. de cannelle en poudre

Versez les farines, le sirop de riz et l'huile d'olive dans le bol du robot. Malaxez en ajoutant quelques cuillerées de lait végétal de façon à obtenir une boule de pâte bien homogène. Étalez la pâte à tarte en farinant à la fois le plan de travail et le rouleau à pâtisser. Dénoyautez et coupez les abricots en quartiers. Disposez-les côté peau sur le fond de tarte. Enfournez 20 minutes à 180 °C.

Crumble

Pendant ce temps, mélangez la poudre d'amandes avec le sucre et la cannelle pour en saupoudrer les fruits à mi-cuisson de la tarte. Replacez dans le four chaud pendant 15 minutes en surveillant pour que le crumble soit juste doré.

Tarte en deux temps
aux myrtilles

Un grand plaisir à déguster ! Sur une pâte moelleuse, les myrtilles imbibent de leur jus la crème ajoutée en fin de cuisson. À défaut de myrtilles fraîches, on peut préparer ce dessert avec des myrtilles au naturel.

- 100 g de margarine végétale bio non hydrogénée
- 100 g de sucre de canne
- le zeste râpé d'un citron
- 3 œufs
- 100 g de farine de riz complet ou demi-complet
- 1 c. à s. de poudre levante

Pour la crème myrtille
- 1 c. à c. de purée d'amandes blanches
- 4 c. à s. de crème végétale liquide (riz, amande...)
- 1 œuf
- 2 c. à s. de sucre de canne
- 1 bol de myrtilles ou 1 pot de myrtilles au naturel (180 g de fruits)

Une demi-heure avant, sortez la margarine de façon à pouvoir la travailler facilement. Dans un saladier, malaxez-la avec le sucre.

Ajoutez le zeste de citron, les œufs un à un, puis la farine et la poudre levante. Versez cette pâte dans un moule à manqué chemisé. Placez au four à 180 °C.

Crème myrtille

Dans un bol, mélangez la purée d'amandes fluide avec la crème végétale, l'œuf et le sucre. Dès que le gâteau commence à être doré après 20 minutes de cuisson, étalez la crème en partant du centre et en allant vers les bords.

Répartissez les myrtilles dessus et remettez aussitôt au four pendant 10 minutes. Laissez complètement refroidir pour démouler.

LES CLAFOUTIS

• Flan ginger aux poires •

LES CLAFOUTIS

Flan ginger
aux poires

Un dessert façon clafoutis très crémeux, le fondant des poires est relevé par la pointe de gingembre frais.

Pour un moule à tarte de 30 cm de diamètre
- 80 g d'amandes entières
- 120 g de sucre de canne complet
- 100 g de farine de riz complet ou demi-complet
- 3 œufs
- 45 cl de lait de riz, de millet ou d'amandes
- 1 lamelle de gingembre frais
- 3 ou 4 poires

Versez des amandes entières dans le robot pour les hacher grossièrement à la lame sans chercher à obtenir une poudre fine.

Dans un saladier, mélangez le sucre, la farine de riz et les amandes. Ajoutez les œufs entiers et incorporez le lait végétal. Placez la tranche de gingembre frais dans un presse-ail et écrasez-la pour en recueillir à la fois du jus et un peu de pulpe. Ajoutez à la pâte. Épluchez les poires et détaillez-les en fines lamelles, mélangez-les à la pâte.

Versez la pâte dans un grand plat à four (ou un moule à tarte) en verre huilé. Enfournez aussitôt dans un four préchauffé à 200 °C pour 30 à 40 minutes. Laissez refroidir avant de déguster.

Clafoutis bananes
et lait de coco

Un dessert au parfum d'exotisme. À la différence de la crème de coco (conditionnée en petite brique) de consistance plus épaisse, le lait de coco utilisé ici se trouve en boîte, également dans les rayons bio.

- 40 cl de lait de coco
- 150 g de farine de riz complet ou demi-complet
- 100 g de sucre de canne complet
- 3 œufs
- 2 bananes

Versez le lait de coco dans une casserole et faites à peine tiédir pour qu'il soit bien homogène. Mettez la farine et le sucre dans un saladier, ajoutez les œufs et incorporez le lait de coco, mélangez énergiquement.

Pensez à faire préchauffer le four à 200 °C, car les pâtes à clafoutis à base de farine de riz ont besoin d'être tout de suite soumises à la chaleur pour bien gonfler sans se déposer.

Faites préchauffer le four à 200 °C.

Épluchez et coupez les bananes en rondelles, rajoutez-les dans la pâte. Versez aussitôt dans un moule à manqué. Enfournez pour 25 à 30 minutes.

• Clafoutis pêches ou poires •

Clafoutis pêches ou poires

Cette pâte où la proportion de poudre d'amandes est équivalente à la farine de riz convient parfaitement pour les fruits juteux : abricots, pêches jaunes ou nectarines pour une recette estivale ; poires pour un clafoutis d'automne...

Pour un moule à manqué
- 100 g de sucre de canne complet
- 80 g de farine de riz complet ou demi-complet
- 80 g de poudre d'amandes
- 3 œufs
- 30 cl de lait de riz, de millet ou d'amande
- 3 poires ou 4 pêches jaunes

Dans un saladier, versez le sucre, la farine de riz et la poudre d'amandes. Ajoutez les œufs et mélangez en incorporant peu à peu le lait végétal. Préchauffez le four à 200 °C.

Épluchez les poires, ôtez les pépins et coupez-les en lamelles. Mélangez-les à la pâte. Huilez un moule à manqué en verre ou en terre. Versez le mélange à clafoutis et enfournez pour 30 minutes.

Clafoutis à la farine de châtaignes

La farine de châtaignes apporte une douceur sucrée tout à fait appropriée aux saveurs de l'automne. Vite préparé ce dessert pourra s'enrichir de pruneaux ou de raisins secs.

- 4 pommes
- 4 œufs
- 3 c. à s. de sucre de canne complet
- 200 g de farine de châtaignes
- ½ litre de lait de riz ou d'amandes

Huilez un moule à manqué et disposez les pommes coupées en tranches très fines. Battez les œufs avec le sucre, ajoutez la farine de châtaignes tamisée tout en incorporant le lait végétal.

Versez sur les pommes et enfournez dans un four préchauffé à 200 °C, comptez 30 minutes de cuisson.

Variantes

Si vous préférez un parfum de châtaignes moins présent, remplacez pour moitié avec de la farine de riz. À noter que selon la qualité des châtaignes utilisées, la farine peut aussi bien être douce et parfumée que forte et d'odeur moins agréable. Il faut parfois en goûter plusieurs avant de trouver celle qui donnera un excellent résultat. Les productions artisanales bio sont souvent celles qui ont le goût le plus fin surtout si elles ont été moulues récemment. De toute façon, conservez la farine de châtaignes au frais et utilisez-la rapidement.

Clafoutis pommes et pistaches

Un dessert particulièrement savoureux lorsqu'il est dégusté encore chaud.

- 120 g de farine de riz complet ou demi-complet
- 100 g de sucre de canne blond
- 30 g de poudre d'amandes
- 3 œufs
- 6 gouttes d'extrait de vanille (facultatif)
- 20 cl de lait de riz, de millet ou d'amande
- 2 pommes
- 2 poignées de pistaches décortiquées non salées
- zeste de citron

Dans un saladier, versez la farine de riz, le sucre, la poudre d'amandes, incorporez les œufs, ajoutez l'extrait de vanille et versez le lait petit à petit en remuant bien.

Épluchez les pommes que vous détaillez en fines lamelles. Coupez les pistaches au couteau ou passez-les dans un petit mixeur pour les hacher grossièrement. Râpez un citron pour recueillir la valeur d'une demi-cuillerée à café de zeste.

Ajoutez au fur et à mesure les pommes, les pistaches et le zeste de citron dans la pâte à clafoutis.

Huilez un moule à manqué, versez le mélange et enfournez aussitôt dans un four préchauffé (il faut que la pâte à clafoutis soit tout de suite soumise à la chaleur pour bien gonfler sans se déposer) à 200 °C pendant 20 à 30 minutes.

Caramel clafoutis

Pour donner une couleur caramel à ce clafoutis, j'ai utilisé un concentré de poires et pommes, c'est une pâte pur fruit au goût légèrement acidulé qui fait office de sucre naturel (fructose). Pour sucrer un peu plus vous pouvez rajouter une poignée de raisins secs.

- 200 g de concentré poires-pommes (ou mélasse de poires)
- 3 œufs
- 150 g de farine de riz complet ou demi-complet
- 20 cl de lait de riz, de millet ou de sarrasin
- 2 poires

Versez le concentré de fruits dans un saladier, malaxez avec les œufs que vous ajoutez un à un. Incorporez la farine de riz puis le lait.

Faites préchauffer le four à 200 °C.

Épluchez les poires et coupez-les en tranches, ajoutez-les dans la pâte. Remuez bien avant de verser dans un moule à manqué bien huilé. Enfournez aussitôt pour 25 minutes.

• Clafoutis pommes et pistaches •

LES CRUMBLES
& LES PUDDINGS

Les crumbles et puddings... sans gluten

Comment faire un mélange à crumble ?

La fine poudre d'amandes blanches mélangée à de la cannelle en poudre et à du sucre fait un crumble facile et rapide à préparer où il est inutile de rajouter de la matière grasse puisqu'il y a déjà la richesse de l'amande. Cette poudre absorbe le jus des fruits, dore et fait un dessert tout à fait délicieux. On peut créer une variante avec de la poudre de noisettes, de la noix de coco râpée ou une poudre d'amandes complètes.
Pour réaliser un crumble avec une farine, choisissez celle de châtaignes. Vous pourrez aussi faire un crumble avec de la farine de sarrasin, comme son goût est assez prononcé, mélangez-la par exemple avec une poudre de noisettes.
Une autre solution consiste en l'utilisation de flocons de riz, malaxés avec une margarine et du sucre, on obtiendra un crumble qui sera plus croustillant.
Côté sucre, c'est selon les goûts un sucre de canne en poudre blond ou complet, mais aussi et pourquoi pas du sirop de riz.
N'hésitez pas à enrichir votre poudre à crumble avec des raisins secs, des dattes ou des abricots secs coupés en petits morceaux, ils pourront remplacer le sucre en poudre si vous aimez peu sucré ou si la compote de fruits qui l'accompagne est très douce.

Par quels ingrédients remplacer le pain dans les puddings ?

Traditionnellement, on prépare un pudding avec des restes de pain ou de la chapelure. Remplacer cet ingrédient de base par des flocons de céréales permet de découvrir un dessert beaucoup plus léger et digeste. J'ai choisi principalement d'utiliser des flocons de riz, on peut leur ajouter des flocons de quinoa ou de millet en petite quantité, car ils ont un goût très présent.
On peut même se passer de l'ajout d'œufs si on utilise des bananes, celles-ci permettant de gélifier après cuisson.

• Pudding de fruits aux flocons de riz •

LES CRUMBLES & LES PUDDINGS

Pudding de fruits aux flocons de riz

Le lait de coco donne un agréable parfum exotique, si vous appréciez son goût, il peut remplacer jusqu'à un tiers du lait de riz. L'ananas séché peut être remplacé par des abricots secs, de la mangue séchée, des fruits confits, des pruneaux...

Pour un moule à cake
- 150 g de flocons de riz
- 30 cl de lait de riz
- 4 c. à s. de lait de coco
- 4 rondelles d'ananas séché
- 1 poignée de raisins secs
- 70 g de sucre de canne complet
- 2 œufs
- 2 bananes (ou 1 pomme et 1 banane)

Versez les flocons dans un saladier et laissez-les s'imbiber du lait de riz et du lait de coco pendant un quart d'heure. Ajoutez aussi les petits morceaux de fruits séchés (ananas, mangues, abricots ou raisins secs). Ensuite, versez le sucre et mélangez avec les œufs. Coupez les fruits frais en lamelles. Mélangez le tout.

Versez dans un moule à cake bien huilé et enfournez à 210 °C pendant 30 à 40 minutes (selon le moule utilisé et l'épaisseur du pudding).

Pudding de châtaignes

Il se prépare en 10 minutes et régale les amateurs de crème de châtaignes. Fondante, la pâte va très bien avec quelques pépites de chocolat (qui sucrent en même temps la préparation), on peut aussi les remplacer par une poignée de raisins secs blonds ou encore 5 ou 6 pruneaux dénoyautés et coupés en tous petits morceaux.

- 400 g de purée de châtaignes nature
- 2 œufs
- 50 g de sucre de canne blond
- 50 g de farine de quinoa
- 1 c. à c. de poudre levante
- 50 g de pépites de chocolat*

Dans un saladier, mélangez la purée de châtaignes avec les œufs, ajoutez le sucre, la farine de quinoa, la poudre levante et les pépites de chocolat.

Versez dans un moule à manqué huilé et enfournez à 200 °C durant 25 minutes. Laissez refroidir, démoulez ou coupez directement les parts dans le plat.

* Vérifiez bien la composition des pépites de chocolat, vous pouvez également obtenir des éclats de chocolat en brisant au couteau une tablette de chocolat noir.

LES CRUMBLES & LES PUDDINGS

Crumble de pêches
au croustillant de riz

Un dessert à déguster chaud ou froid, pour savourer le fondant parfumé des pêches sous le croustillant de légers flocons de riz... Cette même recette sera également délicieuse en remplaçant les pêches par des figues fraîches.

- 8 pêches
- 100 g de margarine végétale bio non hydrogénée
- 100 g de sucre de canne blond
- 150 g de flocons de riz toastés
- 3 c. à s. de graines de sésame
- 50 g de cubes de pommes séchés

Coupez les pêches en tranches et disposez-les dans un plat à four enduit de margarine.

Malaxez la margarine (préalablement ramollie à température ambiante) avec le sucre, ajoutez les flocons, le sésame et les cubes de pommes, éparpillez sur les fruits. Enfournez à four moyen pendant 25 minutes.

Pudding banana
et sa sauce cannelle

Dans ce pudding sans œufs et aux flocons de riz, ce sont les bananes qui permettent de figer la préparation. Je l'accompagne souvent d'une sauce façon crème anglaise ou d'un coulis de fruits.

Pour un moule à cake
- 120 g de flocons de riz
- 30 cl de lait de riz
- 2 bananes
- 50 g de sucre de canne complet
- 1 poignée de raisins secs

Pour la sauce cannelle
- 20 g de crème de riz (farine précuite)
- ½ c. à c. de cannelle en poudre
- 30 cl de lait végétal à la vanille
- environ 3 c. à s. de sirop d'agave ou de coco

Dans un saladier, versez les flocons de riz et le lait végétal. Laissez s'imbiber pendant que vous écrasez les bananes à la fourchette dans une assiette. Versez cette purée de fruits dans les flocons, ajoutez le sucre, les raisins secs et versez dans un moule à cake huilé.

Enfournez à 180 °C pendant 30 à 35 minutes. Laissez refroidir si vous souhaitez démouler ou coupez directement les tranches dans le moule.

Sauce cannelle

Délayez la crème de riz et la cannelle avec le lait végétal à la vanille (si vous utilisez du lait végétal nature, rajoutez un peu de sucre), placez sur feu doux et faites épaissir sans cesser de remuer. La crème tout en restant fluide va napper la cuillère.

Hors du feu, sucrez à votre convenance et mettez au frais dans une saucière. En refroidissant, la sauce va prendre une consistance onctueuse.

• Crumble de pêches au croustillant de riz •

LES CRUMBLES & LES PUDDINGS

Gratin de millet
semoule à la confiture

Un dessert que vous adopterez en toutes saisons ! Il suffira de l'agrémenter au choix : de prunes, d'abricots secs et d'une pomme en lamelles, de noix de coco râpée et de dattes ou de raisins secs et d'une poire en morceaux...

- 120 g de semoule fine de millet
- 45 cl de lait d'amandes ou de riz
- 3 à 5 c à s de marmelade d'orange (ou une confiture de cerises ou d'abricots)
- 2 pommes
- 2 œufs

Dans une casserole, délayez la semoule avec le lait végétal, puis faites chauffer sur feu doux. Dès que cela commence à mijoter, ajoutez la marmelade et remuez constamment, car la semoule va épaissir. Elle cuit en 1 minute.

Hors du feu, ajoutez les pommes épluchées coupées en fines tranches. Puis incorporez les œufs un à un dans la préparation un peu refroidie (juste tiède pour que les œufs ne figent pas).

Huilez un petit plat à gratin ou plusieurs ramequins individuels, versez la préparation et enfournez à 180 °C durant 25 minutes. Dégustez tiède ou froid.

Croustillant
de noix de coco

Ce dessert associe une marmelade de rhubarbe adoucie par des bananes et sucrée aux raisins secs à un mélange croustillant, façon crumble, à la noix de coco râpée. Les côtes de rhubarbe peuvent être coupées en tronçons et macérées au préalable dans du sucre pour leur ôter un peu de leur acidité.

Pour 6 personnes
- 6 à 8 côtes de rhubarbe
- 2 bananes
- 50 g de margarine bio non hydrogénée
- 40 g de sucre de canne complet
- 20 g de farine de riz complet ou demi-complet
- noix de coco râpée
- 1 poignée de raisins secs

Facultatif
- sirop de riz ou sucre de canne

Épluchez les côtes de rhubarbe en ôtant les fils, coupez-les en tronçons, ajoutez les bananes épluchées en rondelles. Faites cuire dans une casserole à fond épais sur feu très doux pendant 15 minutes.

Pendant ce temps, mélangez la margarine ramollie avec le sucre et la farine de riz, ajoutez de la noix de coco râpée, autant que nécessaire jusqu'à ce le mélange soit sablé et granuleux.

Incorporez les raisins secs dans la compote rhubarbe - bananes (si la compote est très acide, ajoutez un peu de sucre ou du sirop de riz) et versez dans un plat à four huilé. Recouvrez avec le mélange à la noix de coco.

Enfournez pendant 10 à 15 minutes sous le gril du four, la surface du croustillant va fondre et dorer. Dégustez froid ou à peine tiède...

• Gratin de millet semoule à la confiture •

LES CRUMBLES & LES PUDDINGS

Crumble tutti frutti

Le « crumble » se réalise grâce à la poudre d'amandes mélangée au sucre et à la cannelle. C'est tout simple pour transformer au fil de l'été ce dessert avec les récoltes du moment.

- 6 pêches de différentes variétés
- 2 ou 3 abricots
- quelques prunes
- 150 g de poudre d'amandes
- 100 g de sucre de canne complet
- 1 c. à c. de cannelle en poudre

Préparez une compote de fruits que vous ne ferez pas trop cuire : coupez tous les fruits du moment en tranches ou petits cubes, procédez à une cuisson sur feu très doux.

Pendant ce temps, mélangez la poudre d'amandes avec le sucre et la cannelle.

Versez la compote dans un plat à four huilé. Saupoudrez les fruits avec le mélange de poudre d'amandes.

Placez dans un four chaud pendant 15 minutes en surveillant pour que le crumble soit juste doré.

Crumble de pommes à la farine de châtaignes

La farine de châtaignes mêlée au parfum de la cannelle et au sucre permet de faire une poudre sablonneuse qui va se marier avec la compote de fruits.

- 8 pommes
- le jus d'½ citron
- 80 g de margarine végétale bio non hydrogénée
- 150 g de sucre de canne blond ou complet
- 150 g de farine de châtaignes
- 1 c. à c. de cannelle en poudre

Épluchez les pommes et coupez-les en morceaux, arrosez-les de jus de citron et procédez à une cuisson douce pour obtenir une compote de fruits.

Mélangez la margarine ramollie avec le sucre, la farine et la cannelle, pétrissez pour obtenir un « sable » granuleux ou passez le tout au robot pour obtenir une grossière semoule. Étalez la compote dans un plat à four enduit de margarine. Recouvrez avec le mélange à crumble en tassant bien.

Placez dans un four chaud pendant 10 à 15 minutes.

• Crumble tutti frutti •

Gratin au chocolat et aux noisettes

Pour réaliser ce gratin, prévoyez la veille de faire tremper les flocons de châtaignes. Servez-le dans un grand plat à four ou dans plusieurs moules individuels ronds en terre cuite, comme pour les crèmes catalanes (ou style crème brûlée).

- ½ litre de lait de riz
- 150 g de flocons de châtaignes toastés
- 50 g de chocolat noir
- 70 g de noisettes en poudre

Versez le lait de riz sur les flocons de châtaignes, laissez gonfler une nuit.

Dans une casserole sur feu doux, mettez le chocolat noir en morceaux, versez les flocons de châtaignes et le lait de riz. Quand le chocolat a fondu, éteignez le feu et ajoutez la poudre de noisettes. Vous pouvez utiliser une poudre de noisettes toute prête ou bien hacher des noisettes à la lame au robot, la poudre ainsi obtenue sera plus croquante.

Le mélange à gratiner est assez liquide et c'est au four que les flocons de châtaignes vont gonfler et s'imbiber du lait chocolaté. Versez dans un plat huilé. Enfournez à 200 °C pendant 15 à 20 minutes maximum (en surveillant pour que ça ne brûle pas !). Laissez complètement refroidir avant de déguster.

Gratin de bananes poudré de cardamome

Un dessert facile et vite préparé, il peut se présenter dans des petits moules à gratin individuels.

- 4 c. à s. de farine de riz complet ou demi-complet
- 6 c. à s. de crème de coco
- 15 cl de lait de riz
- 4 c. à s. de sirop d'érable
- 4 bananes
- 3 c. à s. de poudre d'amandes blanches
- ½ c. à c. de cardamome en poudre

Dans une petite casserole, délayez la farine de riz avec la crème de coco diluée dans le lait de riz. Placez sur feu doux, et remuez jusqu'à épaississement. La crème doit arriver à une consistance de crème pâtissière. Sucrez avec le sirop d'érable.

Épluchez les bananes et écrasez-les à la fourchette. Mélangez cette purée de fruits avec la crème et versez dans un plat à four huilé.

Saupoudrez de poudre d'amandes et de cardamome. Placez au four, sous le gril moins de 10 minutes. Laissez refroidir pour déguster.

• Gratin au chocolat et aux noisettes •

LES BISCUITS

Les biscuits... sans gluten

Un choix de petits gâteaux

Madeleines à la farine de riz, Rochers à la noix de coco, Brownies aux flocons de châtaignes, Petits gâteaux au thé vert... toutes ces gourmandises sont faciles à emporter pour les goûters.

Multipliez encore les recettes en choisissant la pâte à gâteau que vous préférez : celle du Noisetier, du Gâteau au yaourt ou du Marbré à la cannelle ? Faites cuire la pâte de votre choix dans plusieurs petits moules ou dans des corolles en papier. Une présentation sous la forme de petits gâteaux individuels donne un attrait et un goût différent.

Dans ces recettes de base, vous pourrez enrichir les pâtes à gâteaux avec des noix, des noisettes, des pépites de chocolat, des raisins secs ou des fruits confits (attention à vos achats, certains peuvent être poudrés de farine !)...
Pour réaliser une alternative au « pain au chocolat », ajoutez des carrés ou une barre de chocolat quand vous versez la pâte dans vos moules.

Petites collations

Pour les petites collations, pensez aussi aux ressources des fruits secs : pruneaux, abricots secs, raisins... et des oléagineux. Amandes et noisettes pourront être passées au four sur une plaque (sous le grill) de façon à les dorer légèrement, cela leur donne un petit goût différent.

• Madeleines du goûter •

LES BISCUITS

Madeleines
du goûter

Des madeleines légères et parfumées, délicieuses avec un thé pour un petit déjeuner de gourmand ou un goûter réconfortant. Si vous utilisez un sucre de canne complet, parfumez-les plutôt à la cannelle (comptez une demi-cuillerée à café) ou avec un zeste d'orange.

Pour une trentaine de petites madeleines
- 100 g de sucre de canne blond
- 110 g de margarine végétale bio non hydrogénée
- 2 œufs
- 150 g de farine de riz complet ou demi-complet
- 1 c. à s. de poudre levante

Pour aromatiser
- 5 gouttes d'huile essentielle bio de pamplemousse ou 5 gouttes d'huile essentielle bio de bergamote
- ½ cuillerée à café de zeste de citron

Mélangez le sucre avec la margarine (sortie à l'avance du réfrigérateur pour qu'elle soit très molle), incorporez les œufs entiers puis la farine de riz avec la poudre levante. Ajoutez l'huile essentielle de pamplemousse (ou celle de bergamote associée avec un zeste de citron).

Versez dans des moules à madeleines bien huilés : ne remplissez pas tout à fait à ras bord. Mettez dans un four préchauffé à 200 °C, surveillez attentivement la cuisson, dès que les madeleines sont dorées et forment leur chapeau c'est qu'elles sont presque cuites...

Démoulez encore tièdes pour les décoller facilement.

Petits biscuits
aux dattes

Sucrés avec du sirop de riz et des dattes qui deviennent fondantes à la cuisson, ces petits biscuits font des en-cas pour les goûters, faciles à emporter en balade.

Pour une dizaine de palets
- 5 c. à s. d'amandes entières
- 1 verre de farine de riz complet ou demi-complet
- 1 verre de farine de sarrasin
- 1 c. à s. de poudre levante
- ½ verre d'huile d'olive douce
- ½ verre de lait de riz
- 5 c. à s. de sirop de riz
- 10 dattes

Hachez grossièrement les amandes au mixeur. Mélangez-les avec les farines et la poudre levante.

Incorporez l'huile, le lait végétal et le sirop de riz. Dénoyautez les dattes que vous coupez en petits bouts, ajoutez-les à la pâte. Celle-ci doit être plutôt épaisse. À l'aide d'une cuillère et d'une spatule, déposez des petits tas de la taille d'une grosse noix sur une plaque de cuisson chemisée. Aplatissez-les légèrement avec le dos d'une cuillère. Enfournez à 200 °C durant 25 minutes jusqu'à ce qu'ils soient dorés.

Variantes
Vous pouvez remplacer le sirop de riz par du miel.

LES BISCUITS

Gâteaux au thé matcha
et aux pistaches

Le thé Matcha est un thé vert japonais en poudre (en bio, il vient de Thaïlande). Incorporé dans une pâte à gâteaux, il donne une couleur verte éclatante et apporte le parfum discret d'un frais thé vert.

- 130 g de margarine végétale bio non hydrogénée
- 130 g de sucre de canne blond
- 130 g de farine de riz complet ou demi-complet
- 1 c. à s. de poudre levante (5 g)
- 2 c. à s. de thé matcha
- 4 œufs
- 100 g de pistaches décortiquées non salées

Dans une casserole, faites fondre la margarine sur feu doux. Lorsqu'elle est fondue ajoutez-lui le sucre et malaxez hors du feu.

Incorporez la farine de riz, la poudre levante et le thé en poudre. Ajoutez les œufs un à un en mélangeant bien.

Versez dans des petits moules à gâteaux de forme variée et enduits de margarine. Décortiquez les pistaches et parsemez-les sur la pâte. Faites cuire à 200 °C durant 10 à 15 minutes selon la taille des moules. Démoulez chaud.

Macarons de pain d'épices,
caramel et coco

Cuits dans des moules en papier individuels, ces macarons façon pain d'épices ont un petit parfum de caramel qui leur a été apporté par le sucre de canne complet. L'anis en grains donne un parfum de fraîcheur, mais on peut le remplacer par du zeste d'orange pour une autre saveur, plus chaude et fruitée.

Pour 6 à 8 petits moules
- 80 g de crème de coco épaisse
- 60 g de sucre de canne complet
- 150 g de farine de riz complet ou demi-complet
- 1 c. à s. de poudre levante (5 g)
- 1 c. à c. de cannelle en poudre
- ½ c. à c. de cardamome en poudre
- 1 pincée d'anis en grains

Facultatif
- 1 pincée de zeste d'orange

Ouvrez la brique de crème de coco (qui doit être à température ambiante), mélangez soigneusement pour avoir une texture homogène et crémeuse.

Dans un saladier, versez le sucre de canne, pesez également la crème de coco et remuez. Incorporez la farine de riz, la poudre levante, la cannelle, la cardamome et le zeste d'orange. Vous obtenez une pâte épaisse qui peut se rouler en boule. Prélevez des portions que vous roulez rapidement entre vos mains.

Posez ces boules de pâte légèrement aplaties et de la taille d'un abricot dans des petites caissettes en papier ou sur une plaque de cuisson. Enfournez à 200 °C environ 20 à 25 minutes.

• Gâteaux au thé matcha et aux pistaches •

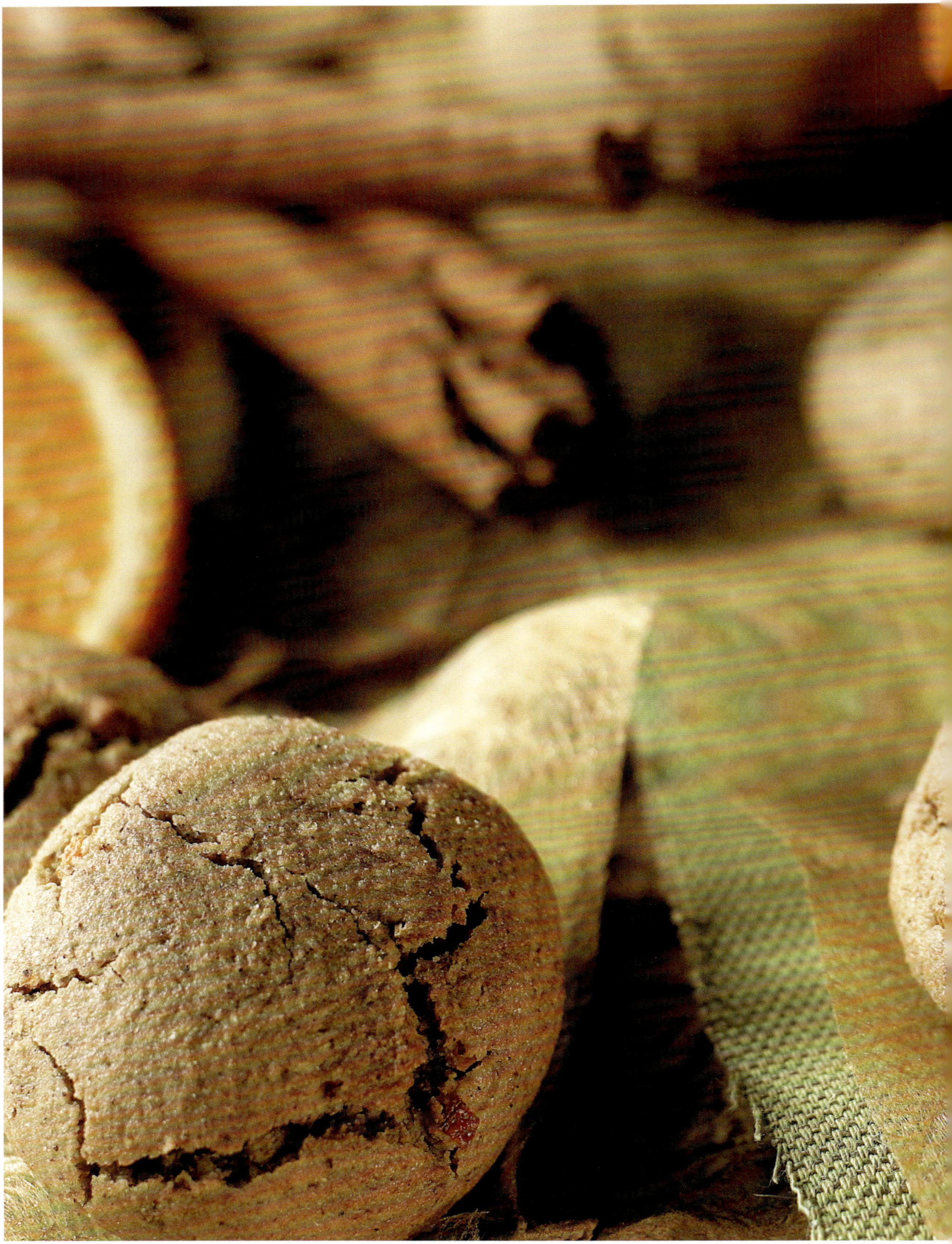

• Macarons de pain d'épices, caramel et coco •

LES BISCUITS

Brownies aux flocons de châtaignes

Avis aux gourmands, ces brownies tout moelleux réalisés avec des flocons de châtaignes sont encore meilleurs le lendemain... si on peut attendre !

- 100 g de chocolat noir à 70 % de caco
- 80 g de sucre de canne blond
- 100 g de margarine végétale bio non hydrogénée
- 50 g de flocons de châtaignes toastés
- 4 œufs
- 50 g de cerneaux de noix

Dans une casserole, cassez le chocolat en morceaux, ajoutez le sucre, la margarine et les flocons de châtaignes. Faites tiédir sur feu doux jusqu'à ce que le chocolat et la margarine soient fondus. Hors du feu, attendez quelques instants avant de rajouter un à un les jaunes d'œufs. Mélangez soigneusement. Montez les blancs d'œufs en neige, incorporez-les à la préparation au chocolat et ajoutez aussi les noix.

Mélangez et versez dans un plat chemisé ; un moule rectangulaire ou un moule à cake si vous souhaitez plus d'épaisseur. Enfournez à 200 °C durant 25 minutes, le gâteau doit bien gonfler, laissez-le refroidir pour le couper ensuite en larges tranches puis en gros cubes. Il est bien meilleur le lendemain...

Financiers au parfum de pamplemousse

Pour parfumer ces petits gâteaux sans farine et fondants d'amandes... vous pourrez remplacer l'huile essentielle de pamplemousse par du zeste de citron. Ils accompagneront les crèmes, les flans, les compotes... et le thé !

Pour une quinzaine de petits gâteaux
- 4 œufs
- 100 g de poudre d'amandes blanches
- 50 g de sucre glace* (sucre de canne complet mouture fine)
- 6 gouttes d'huile essentielle bio de pamplemousse

* À l'achat, assurez-vous de l'absence de farine dans la composition du sucre glace

Cassez les œufs, séparez les blancs des jaunes. Dans un saladier, mélangez les jaunes d'œufs avec la poudre d'amandes.

Dans un autre saladier, versez le sucre glace dans les blancs d'œufs et montez-les en neige souple.

Dans le mélange d'amandes et de jaunes d'œufs, versez l'huile essentielle de pamplemousse. Incorporez une cuillerée de blancs en neige, mélangez bien puis ajoutez petit à petit le restant des blancs.

Remplissez (pas tout à fait à ras bord) de petits moules à gâteaux rectangulaires bien huilés. Mettez au four à 180 °C, surveillez attentivement la cuisson, dès qu'ils sont dorés, c'est pratiquement cuit.

Comptez 10 à 15 minutes de cuisson. Démoulez-les lorsqu'ils sont encore tièdes puis laissez complètement refroidir avant de déguster.

• Brownies aux flocons de châtaignes •

• Diablotins à la noix de coco •

LES BISCUITS

Diablotins à la noix de coco

Tout moelleux et recouverts à moitié d'un glaçage au chocolat, ces diablotins plaisent aux grands comme aux petits, pour accompagner les entremets ou les goûters.

Pour une douzaine de gâteaux
- 160 g de sucre de canne blond
- 100 g de noix de coco râpée
- 2 blancs d'œufs
- 50 g de farine de riz complet ou demi-complet
- 1 c. à c. de poudre levante
- 100 g de chocolat noir
- 5 à 6 c. à s. de lait de riz

Dans un saladier, versez le sucre, la noix de coco, mélangez avec les blancs d'œufs. Ajoutez la farine et la poudre levante.

Versez dans de petits moules à gâteaux style moules à madeleines bien huilés ou dans des petites corolles en papier. Enfournez dans un four préchauffé à 210 °C pendant 10 minutes, puis baissez à 180 °C pour terminer la cuisson pendant encore 10 minutes.

Dans une petite casserole, faites fondre le chocolat avec le lait de riz. Démoulez les petits gâteaux et trempez seulement la moitié de chacun d'eux dans le chocolat fondu. Laissez refroidir sur une grille.

Sablés d'automne

Des biscuits tendres au goût de noisette et au parfum de châtaignes. La pâte est cuite sur une plaque au four et se découpe en carrés en fin de cuisson.

- 100 g de farine de châtaignes
- 100 g de poudre d'amandes
- 80 g de sucre de canne blond
- 50 g de purée de noisettes
- 2 œufs
- 2 c. à s. d'huile d'olive

Mélangez tous les ingrédients ensemble, vous obtenez une pâte molle que vous étalez à l'aide d'une spatule sur une plaque chemisée, sur une épaisseur d'un centimètre. Placez au four à 200 °C pendant 20 minutes.

La pâte doit simplement dorer, il faut éviter qu'elle ne soit trop cuite. Sortez la plaque du four et, à l'aide d'une spatule, coupez la pâte en quadrillant en carrés d'environ 3 centimètres sur 3. Laissez refroidir.

Rochers de noix de coco

Le sirop de riz permet de sucrer tout en douceur tandis que la crème de riz fait le liant à la cuisson. Vous trouverez la crème de riz en sachet, elle se présente sous la forme d'une farine (qui a été précuite).

Pour 10 à 12 rochers
- 120 g de noix de coco râpée
- 140 g de sirop de riz
- 40 g de crème de riz

Mélangez la noix de coco avec le sirop de riz, puis ajoutez la crème de riz. Malaxez bien l'ensemble et déposez une dizaine de petits tas sur une plaque huilée.

Enfournez à 180 °C pendant 10 à 15 minutes. Plus vous laisserez les rochers prendre couleur, plus ils seront croquants. Si vous les préférez un peu souples au cœur, ne les laissez pas dorer. Décollez de la plaque et laissez refroidir.

LES CRÊPES

• Des crêpes tout sucre ou tout miel •

LES CRÊPES

Des crêpes
tout sucre ou tout miel

Un discret parfum de quinoa pour transformer une pâte qui donne des crêpes légèrement soufflées. On les marie avec des compotes ou marmelades de fruits, du pralin, un sirop de riz ou du miel…

- 30 g de farine de quinoa
- 50 g de farine de riz complet ou demi-complet
- 2 œufs
- 15 cl (ou 20 cl) de lait végétal

Versez les farines dans un saladier, ajoutez les œufs et mélangez tout en incorporant peu à peu le lait végétal. Laissez reposer pendant 2 heures. Si la pâte vous paraît un peu épaisse, ajoutez un peu plus de lait végétal.

Faites chauffer votre poêle bien huilée et versez une louche de pâte. Lorsque la première face est dorée, retournez la crêpe.

Crêpes
à la farine de riz
et au lait de châtaignes

Une pâte pour des crêpes légères, délicatement parfumées. À napper selon les goûts de gelées d'agrumes, de sauce au chocolat, de crème de châtaignes, de miel… Le lait de châtaignes se prépare sur la base d'une poudre instantanée à diluer avec de l'eau.

Pour 6 crêpes
- 80 g de farine de riz complet ou demi-complet
- 1 c. à s. de sucre de canne
- 2 œufs
- 3 gouttes d'huile essentielle bio de mandarine
- 15 cl de lait de châtaignes

Versez la farine et le sucre dans un saladier, ajoutez les œufs et l'huile essentielle de mandarine. Remuez vigoureusement. Versez le lait de châtaignes.

Vous pouvez laisser reposer la pâte 15 à 30 minutes. Pour qu'elles soient bien moelleuses et un peu soufflées, préparez vos crêpes dans une poêle bien chaude et huilée.

Blinis
pralin et cacao

Des mini crêpes à servir avec une boule de glace à la vanille, un sorbet cacao, une sauce au chocolat, une pâte à tartiner aux noisettes… Si vous utilisez un lait de noisettes en poudre instantanée, comptez 2 belles cuillerées à soupe pour préparer le lait végétal.

Pour une douzaine de blinis
- 150 g de farine de riz complet ou demi-complet
- 10 g de cacao en poudre
- 50 g de pralin *
- 3 œufs
- 20 cl de lait de noisettes

* À l'achat, assurez-vous de l'absence de farine dans la composition du pralin

Versez la farine, le cacao, le pralin dans un saladier, ajoutez les œufs, mélangez et incorporez le lait de noisettes. Préparez une petite poêle à blinis que vous huilez et faites chauffer avant de verser une petite louche de pâte.

Dès que la première face est cuite, la pâte se fige et vous retournerez facilement la mini crêpe. Servez chaud immédiatement.

Galettes à la farine
de châtaignes

Cette pâte donne des crêpes bien aérées et moelleuses. Elles sont délicieuses avec de la crème de châtaignes, une sauce au chocolat, mais aussi avec des pommes flambées, du miel, des noisettes concassées ou de la pâte de noisettes.

- 120 g de farine de sarrasin
- 90 g de farine de châtaignes
- ½ litre de lait de soja*

* Si vous remplacez le lait de soja par un autre lait végétal, ajoutez un oeuf.

Tamisez la farine de châtaignes si elle vous semble grumeleuse. Dans un saladier, mélangez les deux farines et incorporez le lait de soja. Le lait de soja permet d'avoir une bonne texture, on peut le remplacer éventuellement par du lait de riz. La pâte est nécessairement un peu épaisse, n'étalez pas trop finement les crêpes pour bien les réussir.

Il est inutile de laisser reposer la pâte (d'ailleurs après un jour ou deux, elle fermente et prend un goût amer).

Pour la cuisson, versez dans une crêpière bien chaude et huilée, si la première crêpe est un peu moins réussie, les suivantes sont ensuite parfaites lorsque la poêle est à la bonne température.

• Blinis pralin et cacao •

LES CRÈMES-DESSERTS

Les crèmes-desserts... sans gluten

Dans les crèmes, la douceur des purées d'oléagineux

En bio, pour obtenir les purées d'oléagineux, les fruits secs sont écrasés lentement et régulièrement à la meule de pierre pour être transformés en pâte fine. Elles sont ensuite conditionnées nature ou sucrées (pâte à tartiner) en pots.

Les purées de noisettes, amandes blanches ou complètes sont celles qui se fondent le mieux dans les saveurs sucrées. Outre leurs qualités nutritionnelles, ces ingrédients naturellement savoureux permettent de parfumer des préparations pâtissières.
La purée d'amandes blanches est douce et s'incorpore dans les crèmes, sabayons, entremets... Les purées d'amandes complètes et de noisettes sont plus fortes en goût.

Mélangées à du miel ou à du sirop de riz, ces purées vous permettront de faire des fourrages pour des gâteaux type génoise ou gâteaux d'anniversaire, où vous alternerez biscuit et pâte à tartiner. Délayez de la purée d'amandes complètes avec du sirop d'érable ou du sirop d'agave et nappez ou collez des biscuits secs type sablés avec cette pâte.
Ces crèmes d'oléagineux se transforment en laits végétaux si vous les diluez tout doucement avec de l'eau à peine tiédie.

Qu'est-ce que l'agar-agar ?

L'agar-agar est une gélatine naturelle extraite de certaines algues marines. On la trouve sous forme de plaques ou de paillettes séchées ainsi que sous la forme de poudre fine en dosettes prêtes à utiliser. C'est une gélatine tout à fait saine et douce (on lui prête une action protectrice pour les intestins). De goût neutre, cet ingrédient est facile à utiliser en cuisine pour gélifier et réaliser flans, bavarois, gelées...

• Crème anglaise à la châtaigne •

Frangipane et pruneaux à la fleur d'oranger

Cette frangipane est réalisée sur la base d'une crème pâtissière, elle accompagne des pruneaux macérés dans une eau de fleur d'oranger. Pensez à les préparer la veille ou plusieurs heures avant le repas.
La crème frangipane pourra également vous servir pour garnir une tarte ou un gâteau.

Pour la crème frangipane
• 2 jaunes d'œufs
• 40 g de sucre de canne complet
• 40 g de farine de riz complet ou demi-complet
• 30 cl de lait de riz ou d'amande
• 3 c. à s. de purée d'amandes complètes

À préparer la veille
• environ 350 g de pruneaux
• 1 verre de 15 cl d'eau de fleur d'oranger

La veille, versez les pruneaux dans un bol, ajoutez l'eau de fleurs d'oranger, complétez par de l'eau de façon à ce que tous les pruneaux soient recouverts par de l'eau. Laissez macérer.

Crème frangipane

Dans une petite casserole, mélangez les jaunes d'œufs avec le sucre. Versez la farine de riz dans le mélange aux œufs, incorporez le lait végétal. Placez sur feu doux en remuant vivement jusqu'à ce que la crème épaississe. Hors du feu, ajoutez la purée d'amandes. Versez dans des coupes, laissez refroidir.

Au moment du dessert, disposez quelques pruneaux égouttés. L'eau parfumée à la fleur d'oranger peut être servie comme une boisson.

Crème anglaise à la châtaigne

Une crème pour accompagner biscuits secs, gâteaux à la châtaigne ou fondant au chocolat… Le parfum d'orange se marie bien avec la douceur de la châtaigne. À défaut d'huile essentielle, utilisez du zeste d'orange.

Pour 6 personnes
• 4 jaunes d'œufs
• 80 g de sucre de canne complet
• 60 g de farine de châtaignes
• 90 cl de lait de riz
• 6 gouttes d'huile essentielle bio d'orange

Dans une casserole, mélangez les jaunes d'œufs avec le sucre, ajoutez la farine de châtaignes et incorporez peu à peu le lait de riz. Placez sur feu doux et remuez jusqu'à ce que la crème épaississe et nappe la cuillère, ajoutez alors l'huile essentielle d'orange.

Ôtez du feu, versez dans des coupes et laissez refroidir.

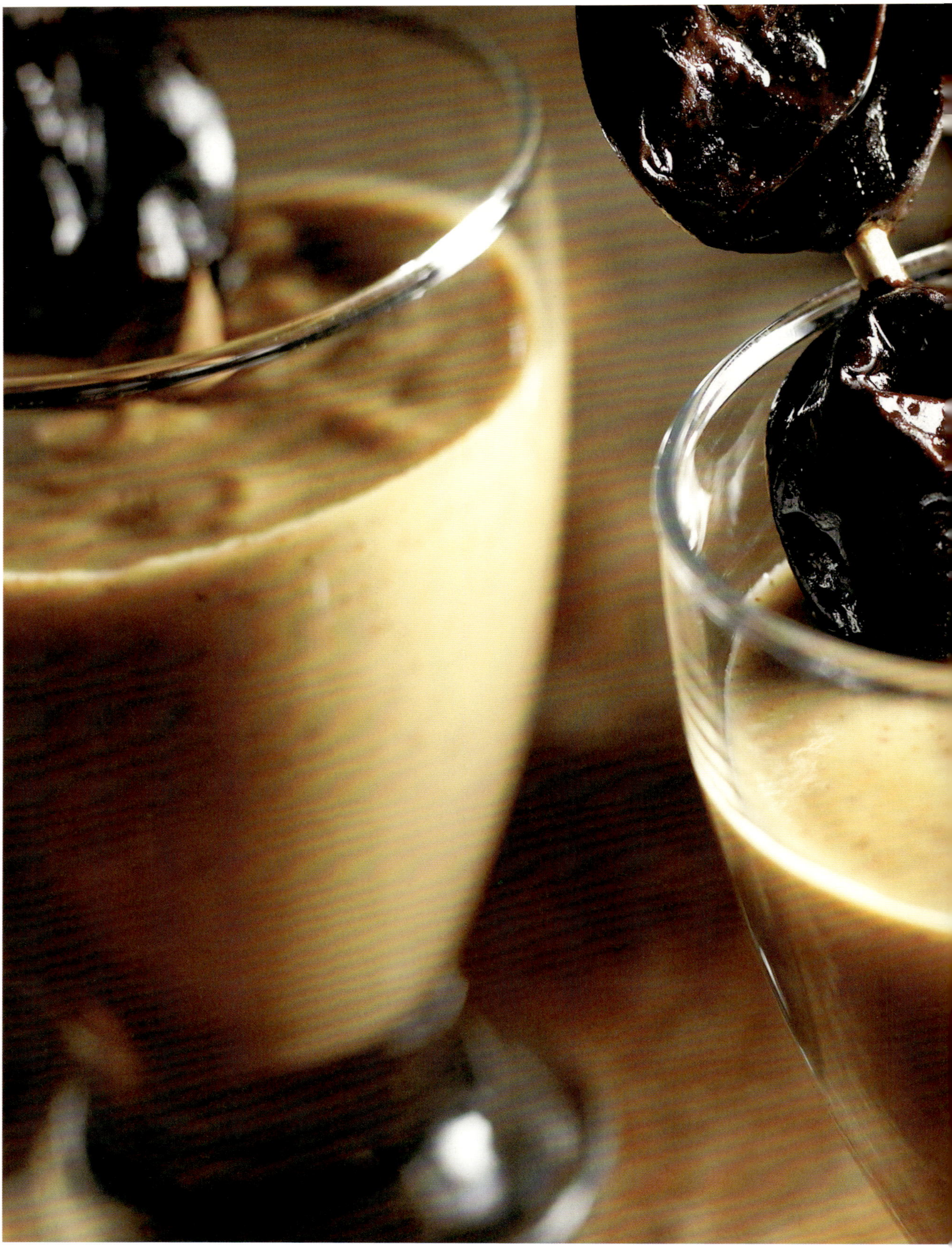

• Frangipane et pruneaux à la fleur d'oranger •

• Verrine de riz au lait à la fleur d'oranger •

LES CRÈMES-DESSERTS

Verrine de riz au lait
à la fleur d'oranger

Ce riz au lait préparé avec un lait végétal (lait d'amandes ou de riz) donne un entremets assez léger. Je le sers au dessert dans des pots à yaourt en verre ou de petits pots à confiture avec couvercle. Une façon pratique pour les préparer à l'avance et les conserver au réfrigérateur.

- 35 cl d'eau
- 100 g de riz rond blanc
- 4 c. à s. de sirop de riz ou 3 c. à s. de sucre de canne blond
- 10 cl de lait de riz ou d'amande
- 1 c. à s. d'eau de fleur d'oranger
- 1 poignée d'amandes effilées

Dans une casserole, versez l'eau sur le riz. Placez sur feu très doux et mettez à cuire pendant 25 minutes jusqu'à absorption du liquide. Hors du feu, rajoutez le sirop de riz, le lait de riz et l'eau de fleurs d'oranger. Mélangez bien, couvrez et laissez gonfler.

Versez dans des pots en verre (petits pots à confiture ou pots à yaourts en verre) et parsemez d'amandes effilées. Posez les couvercles, refermez et placez au frais ou dégustez encore tiède.

Crème fondante
à la noix de coco

La crème de coco se trouve en petite brique, elle est d'une consistance plus épaisse que le lait de coco que l'on peut trouver en boîte. Cette crème sera préparée au moins 2 heures avant d'être dégustée pour lui laisser le temps de figer au frais.

- 1 mini brique de crème de noix de coco nature (200 ml)
- 4 c. à s. de sucre de canne complet
- 1 gousse de vanille
- 3 c. à s. de crème de riz
- 1 verre de 15 cl de lait de riz
- 2 c. à s. de noix de coco râpée

À feu doux, faites fondre la crème de coco, ajoutez le sucre, fendez la gousse de vanille en deux, grattez les grains de la pointe d'un couteau.

Dans un petit bol, délayez la crème de riz avec le lait de riz, ajoutez à la crème de coco. Remuez sur feu toujours doux pendant 5 minutes jusqu'à obtention d'une crème d'une belle consistance. Versez dans des ramequins individuels, mettez au frais.

Quelques instants avant de servir, versez la noix de coco râpée dans une poêle, faites dorer (en quelques secondes) à feu doux, puis parsemez sur les ramequins de crème.

Crème brûlée à l'ananas

Un parfum d'exotisme pour ce dessert facile et rapide à préparer, à présenter dans des petits plats à four individuels pour les repas de fêtes.

- 300 g d'ananas frais
- 3 œufs
- 30 g de sucre de canne complet
- 30 g de farine de riz complet ou demi-complet

Épluchez l'ananas en prenant soin d'ôter les « yeux » tout autour. Coupez-le en quartiers et tranchez le tronc central fibreux. Détaillez l'ananas en morceaux que vous mettez dans le bol blender du robot. Ajoutez les œufs, le sucre et la farine de riz, mixez.

Versez dans un plat à gratin huilé ou dans 4 petits plats à four individuels. Enfournez dans un four préchauffé à 180 °C pendant 20 minutes. Dégustez tiède pour une consistance crémeuse ou placez au frigo pour déguster une crème figée et plus fondante.

Crème amandes et châtaignes

Pour cette recette, préparez un lait d'amandes assez concentré, si vous utilisez de la poudre instantanée par exemple, rajoutez une bonne cuillerée à soupe de plus par rapport à vos proportions habituelles.

- 100 g de farine de châtaignes
- 1 litre de lait d'amandes
- 3 grosses c. à s. de miel ou de sirop d'érable

Tamisez la farine de châtaignes pour éviter les grumeaux. Dans une casserole, délayez la farine en incorporant peu à peu le lait d'amandes, placez sur feu doux sans cesser de remuer.

Ajoutez le miel pour qu'il fonde tandis que la crème continue d'épaissir. Remuez constamment pendant 5 minutes puis versez dans des coupes. Laissez refroidir.

Crème pâtissière à la vanille

Une crème pâtissière qui servira de base dans de nombreuses préparations gourmandes, son parfum de vanille se marie avec tout, mais si vous souhaitez lui donner un léger goût de caramel au parfum réglissé, remplacez le sucre de canne blond par du sucre de canne complet.

- 4 jaunes d'œufs
- 80 g de sucre de canne blond
- 80 g de farine de riz complet ou demi-complet
- 60 cl de lait de riz ou d'amande
- 1 gousse de vanille

Dans une petite casserole, mélangez les jaunes d'œufs avec le sucre. Versez la farine de riz dans le mélange aux œufs, incorporez le lait végétal.

Fendez la gousse de vanille en deux dans le sens de la longueur et grattez de la pointe d'un couteau pour en recueillir les grains. Mélangez. Placez sur feu doux sans cesser de remuer jusqu'à épaississement. La crème est prête à garnir une tarte ou un gâteau, versez-la dans des coupes pour la déguster froide comme dessert.

• Crème brûlée à l'ananas •

LES CRÈMES-DESSERTS

Gelée parfumée à la verveine

Ce flan est gélifié grâce à l'agar-agar mélangé au lait végétal. L'hydrolat de verveine se rajoute en dernier simplement pour aromatiser. Simple et rapide, on peut ainsi préparer en quelques instants des entremets à l'avance. Les laits végétaux d'amande ou de riz ont des saveurs douces qui se marient bien avec le parfum subtil des hydrolats.

- 2 g d'agar-agar en poudre
- 1 c. à c. d'arrow-root (ou de crème de riz)
- ½ litre de lait de riz ou de lait d'amandes
- 2 c. à s. de sucre de canne blond
- 2 c. à s. d'hydrolat de verveine

Dans une casserole, délayez l'agar-agar en poudre et l'arrow-root avec le lait végétal froid, ajoutez le sucre et placez sur feu doux. Dès que le mélange frémit, remuez fréquemment pendant 2 ou 3 minutes. Hors du feu, versez l'hydrolat de verveine et remplissez aussitôt des coupes à dessert.

Placez au frigo pour que les flans figent. Servez frais.

Suprême de marrons au chocolat

Rapide à préparer à l'avance, cette terrine de crème de marrons et de chocolat est fondante et légère à la fois. Si vous sucrez peu les desserts, les carrés de chocolat mélangés au lait végétal et à la purée de châtaignes nature suffiront. Mais si vous préférez une saveur sucrée plus soutenue, choisissez un lait végétal déjà sucré et aromatisé (vanille ou amandes - noisettes).

Pour un moule à cake
- 100 g de chocolat noir
- ¼ de litre de lait de riz, de sarrasin ou d'amande
- 2 g d'agar-agar en poudre
- 1 pot de 370 g de purée de marrons nature non sucrée

Mettez les carrés de chocolat dans la casserole de lait végétal, saupoudrez avec l'agar-agar. Placez sur feu doux, maintenez un léger frémissement pendant 3 minutes tout en remuant.

Versez la purée de marrons dans un saladier et incorporez le lait végétal chaud en plusieurs fois tout en mélangeant bien. Remplissez aussitôt un moule à cake (utilisez un moule en verre ou en porcelaine, les tranches se démouleront plus facilement) et placez au frigo une nuit.

Pour une prise plus rapide, remplissez des coupes individuelles.

• Gelée parfumée à la verveine •

LES CRÈMES-DESSERTS

Coupe framboisine

Un entremets rapide et velouté. Vous pouvez rajouter en fin de cuisson un demi-verre de crème d'amande liquide pour donner encore plus d'onctuosité. Pour ne pas masquer le parfum des framboises, le sucre choisi est un sirop d'agave au goût léger.

- 120 g de semoule fine de millet
- 50 cl de lait de riz ou de soja
- 5 c. à s. de sirop d'agave (ou du sirop de riz)
- 1 tasse de coulis de framboises (ou purée de fruits : abricots, rhubarbe, cerises...)
- ½ verre de crème d'amande liquide (facultatif)

Délayez la semoule avec le lait végétal. Placez sur feux doux et dès que la préparation commence à mijoter, remuez constamment, car elle épaissit et cuit en 1 minute.

Ajoutez le sirop d'agave. Mettez un fond de coulis de framboises dans les coupes à dessert avant de verser la semoule. Placez au frais.

Amarante en petite semoule au chocolat

Étonnez vos convives avec un entremets à l'amarante, cette petite graine minuscule (encore plus petite que le quinoa) d'une grande richesse nutritionnelle.

- 100 g d'amarante
- 30 cl d'eau
- 100 g de chocolat
- 2 grosses c. à s. de purée de noisettes
- 4 c. à s. de sirop de riz
- 1 poignée d'amandes grossièrement hachées

Versez l'amarante dans une casserole avec l'eau et portez à ébullition. Laissez ensuite mijoter à feu doux jusqu'à absorption complète du liquide. Il faut compter environ 30 minutes. Couvrez et laissez gonfler. En refroidissant, les petits grains se lient et on peut comparer sa texture un peu inattendue à une sorte de semoule.

Placez le chocolat en morceaux dans une casserole, faites-le fondre sur feu très doux, avec quelques cuillerées d'eau. Ajoutez le sirop de riz et la purée de noisettes, remuez et incorporez l'amarante.

Ôtez du feu. Mélangez énergiquement, ajoutez les amandes hachées. Versez dans des coupes et placez au frais.

• Coupe framboisine •

Mystères de tapioca au sirop de dattes

Le sirop de dattes est conditionné en pot de verre, son goût sucré est doux et parfumé. De couleur brune, ce sirop très foncé ressemble à une sauce couleur chocolat, un joli contraste et une surprise gustative pour ce dessert de tapioca « renversé ».

- 4 verres de lait de riz (ou d'amande)
- 1 verre de tapioca
- 4 c. à s. de sucre de canne complet
- ½ gousse de vanille
- sirop de dattes

Variante
Vous réaliserez d'autres desserts en remplaçant le sirop de dattes par une marmelade de cerises ou d'abricots, une confiture de framboises...

Dans une casserole, versez le lait végétal et le tapioca. Mélangez sur feu doux. Ajoutez le sucre et la gousse de vanille fendue en deux dans le sens de la longueur. Vous pouvez réduire la proportion de sucre si vous utilisez un lait déjà vanillé. Laissez frémir sur feu doux pendant 5 à 10 minutes en remuant fréquemment jusqu'à épaississement du tapioca. Vous devez obtenir une préparation épaisse et translucide.

Ôtez la gousse de vanille.

Versez 1 à 2 cuillerées de sirop de dattes dans le fond de tasses à café (ou choisissez des coupes qui vont donner une forme en dôme) et recouvrez de tapioca. Placez au frais. En refroidissant, la préparation va gélifier.

Après quelques heures, lorsque le tapioca est bien figé, passez une lame de couteau contre la paroi et démoulez dans les assiettes. Piquez chaque pyramide d'un petit morceau de gousse de vanille.

Flan de chocolat aux quatre épices

Léger, grâce à l'agar-agar, ce flan au chocolat se prépare très vite. On l'apprécie en accompagnement de petits gâteaux comme les madeleines.

- 2 c. à s. de cacao en poudre
- 2 c. à s. de sucre de canne complet
- 1 c. à c. d'arrow-root (ou de crème de riz)
- 1 pincée de quatre épices (ou de la cannelle)
- 1 sachet de 2 g d'agar-agar en poudre
- ½ litre de lait végétal à la vanille (non sucré)
- ½ gousse de vanille (facultatif)

Dans une casserole, versez les poudres : le cacao, le sucre, l'arrow-root, le quatre épices et l'agar-agar. Délayez en ajoutant le lait végétal.

Ajoutez la demi-gousse de vanille, fendue en deux dans le sens de la longueur. Placez sur feu doux. Laissez frémir 3 minutes en remuant le lait cacaoté.

Versez la préparation dans des ramequins individuels ou dans une coupe, mettez au frigo au moins 2 heures avant de servir.

• Mystères de tapioca au sirop de dattes •

LES PETITS-DÉJEUNERS

Des petits déjeuners... sans gluten

Petits déjeuners de Printemps

Une recette fraîche et onctueuse : écrasez une banane bien mûre que vous mélangez à un yaourt de soja nature ou un flan vanillé à l'agar-agar, ajoutez une cuillerée à soupe d'un mélange pour crème du petit déjeuner (aux céréales germées et sans gluten) et une demi-pomme coupée en fines lamelles.

Quand la saison des fraises s'annonce, préparez une salade de fruits et accompagnez d'une crème de céréales à base de farine de riz, de crème précuite de quinoa (ou de riz) délayée avec un lait végétal que vous ferez épaissir sur feu doux. Sucrez légèrement cette crème avec un sirop de riz, de coco ou un peu de sucre de canne complet. Vous pouvez aussi prendre un lait végétal déjà sucré (d'amandes ou de riz). Ces crèmes se préparent en moins de 15 minutes, elles peuvent aussi être faites la veille, pour savourer un petit déjeuner tout prêt.

Petits déjeuners d'Été

Pensez aux salades de fruits colorées : pêches jaunes et blanches, framboises, abricots... Profitez des vacances pour prendre le temps de vous préparer de légères crèmes de riz ou de quinoa, des entremets à la semoule de riz, des petits flans de tapioca... Une façon de se familiariser avec des ingrédients différents, de goûter et tester les recettes qui deviendront vos préférées. Un clafoutis à la farine de riz prêt à l'avance, aux pêches, aux prunes ou aux abricots et le petit déjeuner s'annoncera gourmand !

Pour le plaisir des tartines aux marmelades de fruits de l'été : abricots, rhubarbe, myrtilles, les gelées de framboises et de groseilles... préparez des brioches ou cakes peu sucrés.

Petits déjeuners d'Automne

À vous les madeleines, les tranches de cakes et les gâteaux que vous aurez préparés à l'avance. Faites de délicieuses crèmes à la farine ou au lait de châtaignes, ajoutez-leur le parfum des purées de noisettes ou d'amandes.

Pensez à faire tremper la veille des fruits secs : pruneaux, raisins secs que vous pourrez mélanger à des tranches de pommes ou de poires pour une petite salade composée. Dégustée encore chaude ou à peine tiède, la Crème d'amandes et de châtaignes (recette page 110) est très appréciée pour les petits matins frisquets.

Petits déjeuners d'Hiver

Organisez-vous pour préparer la veille une pâte à crêpes au lait ou à la farine de châtaignes. Le matin, c'est vite fait et les garnitures sont tellement appétissantes : purée de noisettes ou d'amandes complètes, miel, chocolat fondu...

C'est le moment de goûter aux gros gâteaux moelleux à la carotte ou au potimarron, de préparer des puddings à la crème de châtaignes ou encore à la banane. Servez avec une compote de pommes, de poires ou de coings.

• Muesli petites graines de quinoa •

LES PETITS-DÉJEUNERS

Muesli
petites graines de quinoa

Un petit déjeuner façon taboulé sucré qui laisse la place à l'envie du moment et aux fruits de saison...

- 1 verre de quinoa
- 2 verres d'eau (30 cl)
- 2 poires (ou autre fruit frais)
- 1 poignée de raisins secs ou de baies de goji
- 1 verre de 15 cl de lait de quinoa
- 3 ou 4 c. à s. de sirop de riz, d'érable ou de coco
- 1 c. à c. de cannelle

Dans une casserole, versez le quinoa et deux volumes d'eau, ajoutez les poires coupées en petits morceaux, les raisins secs. Faites cuire une quinzaine de minutes à feu très doux et à couvert.

Avant de déguster, versez le lait de quinoa et nappez de sirop de riz. Poudrez de cannelle.

Crème de banane
et semoule fine de riz

Une crème qui sera source d'énergie pour démarrer la journée ! Vite préparée, on adopte facilement cette semoule de riz pour se régaler d'une fine crème sucrée et parfumée au lait d'amandes.

- 50 g de semoule fine de riz
- 25 cl de lait d'amande, de millet ou de souchet
- 1 c. à s. de graines de lin
- 1 banane

Facultatif
quelques cuillerées de flocons de riz toastés, des raisins secs, une salade de fruits frais au choix (fraises, framboises ou morceaux de pêches...)

Dans une casserole, délayez la semoule de riz avec le lait végétal, placez sur feu doux et remuez pendant 5 à 10 minutes jusqu'à épaississement. Broyez des graines de lin (à l'aide d'un moulin à sel par exemple) que vous mélangez dans la crème.

Épluchez et écrasez la banane à la fourchette dans une assiette creuse. Ajoutez la crème. Je complète en général cette crème, selon la saison avec une salade de fruits frais : fraises, pêches... et je parsème parfois de flocons de riz toastés.

LES PETITS-DÉJEUNERS

Crème réveille-matin

Profitons de la vitalité des graines germées pour égayer nos petits matins avec cette crème qui se prépare en quelques instants et se savoure tout en douceur.

- 60 g de crème de riz (farine précuite)
- 30 cl de lait d'amandes, de noisettes, de riz ou de sarrasin
- 1 belle c. à s. de purée d'amandes complètes
- 3 à 4 c. à s. de sirop d'agave, de riz ou de coco
- 1 poignée de graines germées (tournesol ou quinoa)
- quelques tranches de pommes séchées (ou en petits cubes)
- des raisins secs (facultatif)

Dans une casserole, délayez la crème de riz en ajoutant peu à peu le lait végétal. Placez sur feu doux en laissant frémir 5 minutes jusqu'à épaississement. Remuez constamment.

Hors du feu, ajoutez la purée d'amandes, mélangez bien pour qu'elle fonde dans la crème encore chaude.

Sucrez à votre convenance avec le sirop de votre choix.

Versez dans des coupes et parsemez de graines germées et de pomme séchée que vous coupez en petits bouts.

Crème de quinoa au chocolat

Une crème pour un petit déjeuner chocolaté qui peut aussi se déguster comme un entremets pour un dessert. Si vous remplacez le sucre par du sirop d'agave, ajoutez-le après cuisson (il a tendance à prendre de l'amertume en cuisant).

- 50 g de crème de quinoa
- 2 c. à s. de sucre de canne complet (ou du sirop d'érable ou d'agave)
- 2 c. à s. de cacao en poudre
- 40 cl de lait de riz ou d'amandes)
- 3 gouttes d'huile essentielle bio orange

Versez la crème de quinoa, le sucre et le cacao en poudre dans une casserole et délayez en ajoutant petit à petit le lait de riz. Placez sur feu doux tout en remuant.

Dès que la crème épaissit et que cela commence à mijoter, ajoutez l'huile essentielle, et éteignez le feu.

Versez dans des coupes, dégustez tiède ou laissez refroidir.

• Crème réveille-matin •

Index par ingrédients

Recettes avec la farine de riz

Baba au sirop de citron	46
Blinis pralin et cacao	100
Brioche aux fruits	27
Brioche aux raisins	24
Brioche vanillée au quinoa	24
Brioche zeste de citron à la fine semoule	27
Cake aux amandes zesté d'orange	35
Caramel clafoutis	72
Clafoutis pommes et pistaches	72
Clafoutis bananes et lait de coco	69
Clafoutis pêches ou poires	71
Crème anglaise à la châtaigne	105
Crème brûlée à l'ananas	110
Crème pâtissière (Tarte aux fraises)	52
Crème pâtissière à la vanille	110
Crème vanillée (Tartelettes aux kiwis)	63
Crêpes à la farine de riz et au lait de châtaignes	99
Crêpes tout sucre ou tout miel	99
Croustillant de noix de coco	80
Diablotins à la noix de coco	97
Flan ginger aux poires	69
Fougasse aux olives	19
Frangipane et pruneaux à la fleur d'oranger	105
Galette de pain au tournesol et à l'amarante	12
Galettes à la farine de châtaignes	100
Gâteau au caramel d'orange	42
Gâteau au yaourt	48
Gâteau aux poires poudré de noisettes	37
Gâteau ronde de pommes au sucre de fruits	38
Gâteaux au thé matcha et aux pistaches	90
Génoise des îles à la crème fouettée de coco	32
Gingembre et cacao pour un gâteau	48
Gratin de bananes poudré de cardamome	84
Macarons de pain d'épices, caramel et coco	90
Madeleines du goûter	89
Marbré à la cannelle	89
Noisetier et sa crème fouettée aux amandes blanches	40
Pain au quinoa et aux raisins	12
Pain aux graines et à la semoule de millet	14
Pain de quinoa au curcuma	19
Pains cuits à la vapeur	14
Pâte brisée	21
Pâte à pizza	10
Pâte à tarte	21
Pâte sablée (Tarte aux pommes)	52
Petits biscuits aux dattes	89
Petits pains à la noisette et aux châtaignes	10
Pistachier aux pépites de chocolat	40
Quatre-quart aux pommes et à la bergamote	45
Tarte à l'orange	58

Tarte aux abricots au crumble d'amandes	67
Tarte aux fraises	52
Tarte aux pommes à la crème	52
Tarte en deux temps aux myrtilles	67
Tartelettes aux kiwis	63

Recettes avec la farine de châtaignes

Clafoutis à la farine de châtaignes	71
Crème anglaise à la châtaigne	105
Crème amandes et châtaignes	110
Crumble de pommes à la farine de châtaignes	82
Gâteau sous la neige d'amarante	30
Petits pains à la noisette et aux châtaignes	10
Sablés d'automne	97
Tarte à la crème de châtaignes	56
Tartelettes Nougatine	62

Recettes avec la farine de quinoa

Brioche vanillée au quinoa	24
Crêpes tout sucre ou tout miel	99
Impérial au chocolat	35
Pain au quinoa et aux raisins	12
Pâte à tarte	21
Pudding de châtaignes	77
Tarte aux abricots au crumble d'amandes	67

Recettes avec la farine de sarrasin

Galettes à la farine de châtaignes	100
Pâte brisée	21
Pain au quinoa et aux raisins	12
Petits biscuits aux dattes	89

Recettes avec la semoule fine de millet

Brioche zeste de citron à la fine semoule	27
Coupe framboisine	114
Gâteau au yaourt	48
Gratin de millet semoule à la confiture	80
Pain aux graines et à la semoule de millet	14

Recettes avec la semoule fine de riz

Brioche aux fruits	27
Crème de banane et semoule fine de riz	121
Fougasse aux olives	19
Gâteau au yaourt	48

Recettes avec la crème de riz (farine précuite)

Crème amandes et châtaignes	110
Crème fondante à la noix de coco	109
Crème réveille-matin	122
Rochers de noix de coco	97
Sauce cannelle (Pudding banana)	78
Tarte à l'orange	58

Recettes avec l'amarante

Amarante en petite semoule au chocolat	114
Galette de pain au tournesol et à l'amarante	12
Gâteau sous la neige d'amarante (amarante soufflée)	30
Pains cuits à la vapeur	14

Recette avec du quinoa (graines)

Muesli petites graines de quinoa	121
Pain au quinoa et aux raisins	12
Pain de quinoa au curcuma	19

Recettes avec de la noix de coco râpée

Crème fondante à la noix de coco	109
Croustillant de noix de coco	80
Diablotins à la noix de coco	97
Génoise des îles à la crème fouettée de coco	32
Rochers de noix de coco	97

Recettes avec de la poudre d'amandes

Cake aux amandes zesté d'orange	35
Clafoutis pommes et pistaches	72
Clafoutis pêches ou poires	71
Crumble tutti frutti	82
Financiers au parfum de pamplemousse	94
Gratin de bananes poudré de cardamome	84
Marbré à la cannelle	37
Pâte sablée (Tarte aux pommes)	52
Sablés d'automne	97
Tarte à l'orange	58
Tarte aux abricots au crumble d'amandes	67
Tarte aux fraises	52
Tarte aux pommes à la crème	52

Recettes avec de la poudre de noisettes

Gratin au chocolat et aux noisettes	84

Recettes avec de la purée d'amandes

Crème au beurre d'amandes	38
Crème réveille-matin	122
Frangipane et pruneaux à la fleur d'oranger	105
Pâte brisée	21
Tarte à la crème de châtaignes	56
Tarte délice aux poires et zestes confits	56

Recettes avec de la purée de noisettes

Amarante en petite semoule au chocolat	114
Gâteau aux poires poudré de noisettes	37
Gâteau sous la neige d'amarante	30
Noisetier	44
Sablés d'automne	97
Tartelettes Nougatine	62

Recettes avec des flocons de riz

Crumble de pêches au croustillant de riz	78
Pudding banana et sa sauce cannelle	78
Pudding de fruits aux flocons de riz	77

Recettes avec des flocons de châtaignes

Brownies aux flocons de châtaignes	94
Gratin au chocolat et aux noisettes	84

Recettes sans farine

Amarante en petite semoule au chocolat	114
Brownies aux flocons de châtaignes	94
Coupe framboisine	114
Crème de banane et semoule fine de riz	121
Crème de quinoa au chocolat	122
Crème ganache (Tartelettes Nougatine)	62
Crumble de pêches au croustillant de riz	78
Financiers au parfum de pamplemousse	94
Flan de Chocolat aux quatre épices	116
Fondant grand Cacao	42
Ganache chocolat (Gâteau sous la neige d'amarante)	30
Gelée parfumée à la verveine	112
Gratin au chocolat et aux noisettes	84
Gratin de millet semoule à la confiture	80
Muesli petites graines de quinoa	121
Mystères de tapioca au sirop de dattes	116
Nems aux fruits secs pour tirer les Rois	45
Pudding banana	78
Pudding de fruits aux flocons de riz	77
Suprême de marrons au chocolat	112
Tarte délice aux poires et zestes confits	56
Verrine de riz au lait à la fleur d'oranger	109

Recettes sans œufs

Amarante en petite semoule au chocolat	114
Coupe framboisine	114
Crème amandes et châtaignes	110
Crème de banane et semoule fine de riz	121
Crème de quinoa au chocolat	122
Crème ganache (Tartelettes Nougatine)	62
Crème vanillée (Tartelettes aux kiwis)	63
Croustillant de noix de coco	80
Crumble de pêches au croustillant de riz	78
Crumble de pommes à la farine de châtaignes	82
Crumble tutti frutti	82
Flan de Chocolat aux quatre épices	116
Galettes à la farine de châtaignes	100
Ganache chocolat (Gâteau sous la neige d'amarante)	30
Gelée parfumée à la verveine	112
Gratin au chocolat et aux noisettes	84
Macarons de pain d'épices, caramel et coco	90
Muesli petites graines de quinoa	121
Mystères de tapioca au sirop de dattes	116
Nems aux fruits secs pour tirer les Rois	45
Petits biscuits aux dattes	89
Pudding banana et sa sauce cannelle	78
Rochers de noix de coco	97
Suprême de marrons au chocolat	112
Tarte aux abricots au crumble d'amandes	67
Tartelettes aux kiwis	63
Verrine de riz au lait à la fleur d'oranger	109

Chez le même éditeur

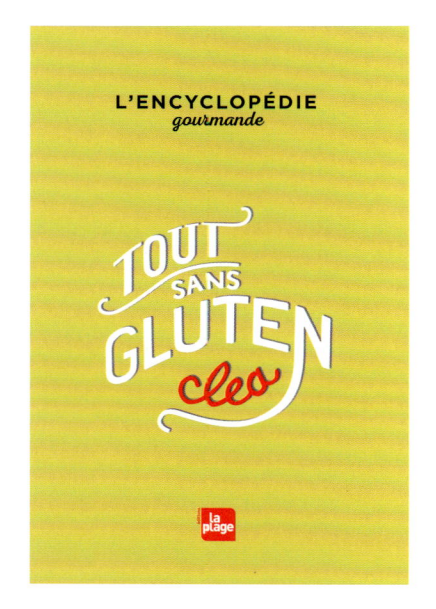

Tout sans gluten
Clea
324 pages - 29,95 €

Comment manger sans gluten, tous les jours, sans se compliquer la vie ?

Comment fabriquer petits pains, brioches, pizza express ou biscuits du goûter ?

Comment remplacer les sandwichs ou les tartines du petit déjeuner ?

Cet ouvrage très complet, véritable encyclopédie du sans gluten, est une source inépuisable d'idées et de savoir-faire : plus de 600 recettes sans gluten ni lactose, sucrées ou salées !

Achevé d'imprimer en février 2016